世界遗产文献系列

世界遗产与社区发展

[德]玛丽-泰勒斯·艾伯特
[法]玛丽埃尔·里雄
[西]玛丽·何塞·比尼亚尔斯
[澳]安德列·威特科姆

主编

张柔然　韩静　孙茜　　译

南开大学出版社
天　津

图书在版编目(CIP)数据

世界遗产与社区发展／(德)玛丽－泰勒斯·艾伯特等主编；张柔然，韩静，孙茜译. — 天津：南开大学出版社，2020.12
(世界遗产文献系列)
ISBN 978-7-310-05971-3

Ⅰ.①世… Ⅱ.①玛…②张…③韩…④孙… Ⅲ.①文化遗产－旅游资源开发－研究－世界 Ⅳ.①F591

中国版本图书馆 CIP 数据核字(2020)第 192133 号

版权所有　侵权必究

世界遗产与社区发展
SHIJIE YICHAN YU SHEQU FAZHAN

南开大学出版社出版发行
出版人：陈　敬
地址：天津市南开区卫津路94号　邮政编码：300071
营销部电话：(022)23508339　营销部传真：(022)23508542
http://www.nkup.com.cn

唐山鼎瑞印刷有限公司印刷　全国各地新华书店经销
2020年12月第1版　2020年12月第1次印刷
230×170毫米　16开本　11.5印张　197千字
定价：40.00元

如遇图书印装质量问题，请与本社营销部联系调换，电话：(022)23508339

原著由联合国教育、科学及文化组织 2012 年出版（丰特努瓦广场 7 号，75352 巴黎 07 SP，法国）

© UNESCO

此书为开放获取出版物，授权为 Attribution-ShareAlike 3.0 IGO（CC-BY-SA 3.0 IGO）license（http://creativecommons.org/licenses/by-sa/3.0/igo/）。此出版物内容的使用者要完全遵守联合国教育、科学及文化组织开放获取储存档的一切条件和规则（http://www.unesco.org/open-access/terms-use-ccbysa-en）。

本出版物所用名称及其材料的编制方式并不代表联合国教育、科学及文化组织（全书简称联合国教科文组织）对于任何国家、领土、城市、地区或其当局的法律地位，或对于其边界或界线的划分的任何意见。

本出版物表达的是作者的看法和意见，而不代表联合国教科文组织的看法和意见，因此本组织对此不承担责任。

《世界遗产与社区发展》为世界遗产文献系列第 31 号文件。

英文主编：玛丽-泰勒斯·艾伯特（Marie-Theres Albert，科特布斯勃兰登堡工业大学，德国）、玛丽埃尔·里雄（Marielle Richon，联合国教科文组织世界遗产中心）、玛丽·何塞·比尼亚尔斯（Marie José Viñals，瓦伦西亚理工大学，西班牙）、安德列·威特科姆（Andrea Witcomb，迪肯大学，澳大利亚）。

英文审稿人：卡罗琳·劳伦斯（Caroline Lawrence）。

中文译者：张柔然，深圳大学建筑与城市规划学院副教授，国际古迹遗址理事会国际文化旅游科学委员会副主席，国际古迹遗址理事会（ICOMOS）与世界自然保护联盟（IUCN）合作项目"文化—自然之旅"中国代表，国际古迹遗址理事会—国际风景园林师联合会文化景观科学委员会专家委员；韩静，天津商业大学管理学院讲师；孙茜，深圳技术大学创意与设计学院实验员。

中文顾问专家：何昉，全国工程勘察设计大师，深圳大学建筑与城市规划学院特聘教授，北京林业大学教授，深圳媚道风景园林与城市规划设计院主持规划师；燕海鸣，中国古迹遗址保护协会秘书处主任，中国文化遗产研究院研究员。

参与初稿翻译人员（按拼音字母排序，排名不分先后）：陈怡媛、付千娱、李梦阳、林艳桑、刘晓桐、秦瑜璐、唐寅、田哲人、王家宁、杨玉洁、张程亮、张许、张雪怡。

本书系国际古迹遗址理事会（ICOMOS）与世界自然保护联盟（IUCN）"文化—自然之旅（Culture-Nature Journey）"项目、国际古迹遗址理事会国际文化旅游科学委员会青年专业人员项目、中国古迹遗址保护协会文化景观专业委员会项目、深圳大学美丽中国研究院项目，以及深圳大学建筑与城市规划学院和中国城市建设研究院有限公司保护地合作项目阶段性成果。本书承蒙国家自然科学基金青年基金项目"探索'非权威'利益相关者对中国世界遗产地价值认知"（51908295）、中央高校基本科研业务费专项资金项目（63192250）的支持。

作者简介

玛丽-泰勒斯·艾伯特（Marie-Theres Albert），高等教育教师，自 1994 年以来，她在德国的科特布斯勃兰登堡工业大学担任跨文化研究主席，并自 2003 年 10 月起在 UNITWIN UNESCO 教席计划中担任传统研究教席。她曾多次参加研究、教育、咨询、项目等领域的活动，并在拉丁美洲和亚洲若干国家工作过。

格图·阿塞法·旺迪姆（Getu Assefa Wondimu）在埃塞俄比亚的权威机构研究和保护文化遗产，他在那里协调保护并管理该国的 8 个世界遗产地。此前他曾是制定文化遗产清单、组织遗产培训和教育项目的领军人物。他在 1984 年取得了亚的斯亚贝巴大学的历史学学士学位。他参加了由非洲博物馆发展项目（PMDA）和国际文化财产保护与修复研究中心（ICCROM）开设的国际保护遗产课程。2007 年他在都柏林大学拿到了世界遗产管理的硕士学位，为此他研究了世界遗产——岩石教堂（拉利贝拉）的旅游管理现状。

克莱尔·凯文（Claire Cave）是都柏林大学的生物与环境科学学院世界遗产管理硕士的项目协调员。她的博士学位论文研究的是保护一种濒临灭绝的物种，并在 4 年中始终积极参与自然遗产保护的教育工作。她曾与研究生共同解决爱尔兰、西班牙、乌干达、美国、坦桑尼亚、埃塞俄比亚、刚果民主共和国、澳大利亚和日本的遗产保护问题，并且是爱尔兰政府暂定名单咨询小组的成员。

内奥米·德根（Naomi Deegan），社会科学学士，研究领域为德国和希腊罗马文明，在科特布斯勃兰登堡工业大学攻读社会科学硕士学位。她在爱尔兰国家环境和遗产部世界遗产地办公室工作，其工作重点是为斯凯利格·迈克尔（Skellig Michael）世界遗产地以及其他世界遗产项目编制世界遗产地管理计划。此前，她曾在马耳他政府的文化遗产管理机构工作，她的任务主要集中在马耳他两座世界遗产——马耳他巨石寺（Megalithic Temples of Malta）和哈尔萨夫列尼地宫（Hal Saflieni Hypogeum）的管理工作上。

斯特凡·迪斯科（Stefan Disko），从事遗产管理和人权工作。他在德国的路德维希-马克西米利安慕尼黑大学获得了民族学硕士学位（兼修美国文化史）。

之后，他在各种非政府组织从事原住民权利工作。目前，斯蒂凡·迪斯科正在科特布斯勃兰登堡工业大学进行世界遗产研究。

伯德·冯·德罗斯特（Bernd von Droste）于1973年加入联合国教科文组织，此前他在德国慕尼黑的一所大学教授区域规划。1983年至1991年，他负责指导联合国教科文组织生态科学处。此外，他还担任了"人与生物圈"政府间计划秘书长，以及《世界遗产公约》自然部分秘书长。1992年他创立了著名的联合国教科文组织世界遗产中心，担任主任，并指导工作至1999年。在联合国教科文组织助理总干事任上退休后，他作为联合国教科文组织和世界自然保护联盟顾问、大学教师、项目评估专家和冲突调解专家继续协助《保护世界文化和自然遗产公约》（全书简称《世界遗产公约》）的执行工作。

詹妮弗·哈里斯（Jennifer Harris），澳大利亚科廷大学文化遗产讲师，国际博物馆理事会澳大利亚国家委员会成员。

詹姆斯·伊鲁科·奥克威尔（James Ilukol Okware）在过去十年与乌干达野生动物管理局合作，负责管理鲁文佐里山国家公园和卡唐加野生动物保护区中的英国女王伊丽莎白国家公园伊沙沙。他在保护区管理方面拥有丰富的经验，尤其是处理工作中的利益相关者。他代表乌干达野生动物管理局（UWA）参加区议会，被提拔为乌干达西部的社区保护管理员。他于2006年在都柏林大学完成了世界遗产管理硕士课程。

马里兰·摩兰特（Maryland Morant）现任西班牙瓦伦西亚理工大学助理讲师，1998年毕业于法律专业，2000年取得环境管理和战略硕士学位，2007年在瓦伦西亚理工大学获得法学博士学位。摩兰特博士在环境和旅游领域从事教学工作，致力于将她的学术活动与旅游和保护区领域的研究项目相结合（参与超过15个国家和国际研究项目）；同时，她还是西班牙环境部的顾问。

艾琳·尼古西（Elene Negussie）在都柏林大学世界遗产管理专业的文化遗产计划担任讲师和顾问。1997年，她取得斯德哥尔摩大学的硕士学位，2002年取得了都柏林圣三一学院地理系农村保护方向的博士学位，随后她继续从事博士后研究。她目前专注于研究埃塞俄比亚的文化遗产管理。在爱尔兰皇家科学院的赞助下，她于2008年前往埃塞俄比亚，启动世界遗产地管理和遗产归国的有关合作项目。她后来回到了联合国教科文组织，前往阿克苏姆进行综合站点管理工作。

索米尔托·翁赫卢普（Somyot Ongkhluap）毕业于泰国艺术大学建筑系，研究方向为建筑遗产管理和旅游业。他的工作着眼于历史悠久的泰国城市大城府，他还在孔敬大学管理科学系讲授旅游管理课程。

玛丽埃尔·里雄（Marielle Richon）是联合国教科文组织世界遗产中心的项目专家，具有艺术史和考古学、东方语言与管理等学术背景。她从1977年开始在联合国教科文组织工作，曾参与过的项目包括"两个世界的相遇"（1492—1992）、"联合国土著人民年"（1993）、第一个"世界土著人民国际十年"（1995—2004）和第一个"世界文化报道"（1997）。自2001年以来，她一直是世界遗产中心的代表，通过开展各项合作进行研究。她负责国际大学的网络交流平台——大学与遗产论坛（FUUH）。

梅希蒂尔德·罗斯勒（Mechtild Rössler），1984年获得德国弗莱堡大学文化地理学硕士学位，1988年毕业于德国汉堡大学地球科学学院并获得博士学位。1989年，她加入法国国家科学研究院科学与工业研究中心，1990年至1991年在美国加州大学伯克利分校地理学系担任客座教授。1991年，她加入联合国教科文组织，最初在生态科学部门和自然科学部门工作，自1992年起在联合国教科文组织世界遗产中心担任项目专家以及自然遗产和文化景观负责人。2001年，她成为欧洲和北美事务处主任，负责世界遗产地（一半）和50个缔约国的相关事务。作为3个国际期刊编辑委员会的撰稿人，她还出版了7本书，并发表了50多篇文章。

罗素·斯塔夫（Russell Staiff）在澳大利亚墨尔本大学艺术史专业获得了博士学位后，搬到了悉尼，在西悉尼大学的文化研究中心开办了文化旅游和视觉艺术的研究生课程。他致力于研究澳大利亚、泰国和意大利的旅游地和世界遗产地的遗产、博物馆与旅游业的交集和关系。他还在曼谷的泰国艺术大学旅游学院为研究生讲授建筑遗产管理和旅游课程。

菲奥娜·斯塔尔（Fiona Starr）是澳大利亚迪肯大学的一位博士候选人。她在研究亚洲和太平洋的文化遗产中心工作，工作内容包括对文化遗产管理、企业责任和博物馆策展的研究。

洛拉·特鲁埃尔（Lola Teruel）在瓦伦西亚理工大学讲授关于旅游研究的课程，同时担任助理教师。她于1997年从旅游专业毕业，自1998年以来一直担任旅游专业的助理教师，2001年开始了在旅游信息管理新技术应用方面的研究生课程学习，并且于2005年从公共关系和宣传专业毕业。结合她在生态旅游和生态保护领域的学术活动与研究，她现在是博士学位的候选人。她与地中海地区的国家，特别是西班牙的主管部门，在实践和研究中进行合作，致力于研究自然和文化遗产的互动与商业化，提升遗产地可持续旅游业的发展并进行旅游需求的研究。

玛丽·何塞·比尼亚尔斯（María José Viñals）现任西班牙环境部西班牙湿地中心（Spanish Wetland Centre）和生物多样性基金会（Fundación Biodiversidad）主任。她于1981年毕业于地理学专业，1991年在瓦伦西亚理工大学获得博士学位。她一直在环境科学和旅游方面从事教学活动，她的学术活动与生态旅游和保护区领域的研究项目相结合。她还是《拉姆萨尔公约》（International Ramsar Convention on Wetlands, 1971）的顾问。她的专业领域涉及自然与文化遗产管理、公共利用和自然保护区的保护，在实践和研究中，她与意大利、约旦、摩洛哥、葡萄牙、突尼斯等国家，尤其是西班牙的地方、区域和国家行政机构密切合作。她目前担任瓦伦西亚理工大学旅游和自然及农村地区专业学位研究生课程主任，也是遗产地旅游管理方向硕士的主任。

安德列·威特科姆（Andrea Witcomb）是澳大利亚迪肯大学的副教授。她致力于研究当代媒体文化中的一些问题，特别是围绕互动的概念对博物馆和遗址以及周边地区的表征问题使用有效的解释形式。她是《重新想象博物馆：超越陵墓》（2003）的作者，与克里斯·希利合编了《文化实验》（2006）。

译者序

世界遗产保护和管理研究伴随着世界范围内人们对人类共同宝贵遗产与记忆的珍视，以及公共道德意识的提升而逐步提高。特别是"社区"的概念，它在世界遗产保护和可持续发展中扮演着日益重要的角色。本书正是在发展世界遗产全球社区这一基调下，通过分析世界范围内遗产社区发展案例，为读者提供一个内涵丰富、细节描绘具体、研究版图完整的世界遗产保护与发展的新思路。

2017年12月，在印度德里召开的国际古迹遗址理事会第19届大会通过了《关于遗产与民主的德里宣言》。该宣言强调，未来国际遗产实践中人如何能够更好地融入社区参与，从"人"的角度探索实践遗产价值是各国遗产事业发展的重点。中国目前有世界遗产53项，在《世界遗产名录》中位居第二位（截止到2019年5月），是世界上拥有世界遗产类别最齐全的国家之一。如何在世界遗产保护和可持续发展过程中充分考虑社区的作用，是我国亟待解决的问题，本书译者正是在这种背景下，引入《世界遗产与社区发展》一书，希望对中国遗产保护起到借鉴作用。

翻译本书是国际古迹遗址理事会（ICOMOS）与世界自然保护联盟（IUCN）"文化—自然之旅（Culture-Nature Journey）"项目的阶段性成果。该项目旨在全球背景下研究文化景观遗产，融入生物多样性，关注各地区的文化和语言，鼓励传承传统技术并积极利用新的技术，进而促进文化与自然的融合。本书的翻译出版感谢联合国教科文组织世界遗产中心的授权和国际古迹遗址理事会国际文化旅游科学委员会、中国古迹遗址保护协会的技术指导，以及国际古迹遗址理事会国际文化旅游科学委员会主席弗格森·麦克拉伦（Fergus T. Maclaren）先生、"文化—自然之旅"项目负责人苏珊·麦金太尔（Susan McIntyre-Tamwoy）教授、蒂姆·巴德曼（Tim Badman）教授和克里斯塔尔·巴克利（Kristal Buckley）博士的大力支持，感谢全国工程勘察设计大师、深圳大学建筑与城市规划学院特聘教授、北京林业大学教授何昉和中国古迹遗址保护协会秘书处主任燕海鸣研究员对本书翻译相关技术问题和术语的指导与校对，感谢世界遗产研究会会长、前国际古迹遗址理事会副主席郭旃教授和南开大学旅游与服务学院徐虹教授、陈晔教授在翻译过程中的鼓励和帮助。

张柔然 韩静 孙茜

2020 年 10 月于深圳大学荔园

前　言

参与"分享我们的遗产"（Sharing Our Heritages，SOH）项目是一次独特的经历，感谢澳大利亚政府和欧盟使这个项目的运行成为可能。无论是对在2006—2008年参加三年项目的教职员和学生，还是对项目实施的世界遗产地（澳大利亚卡卡杜国家公园、法国卢瓦尔河谷）和联合国教科文组织世界遗产中心（WHC），这无疑都是一次独特的经历。

世界遗产中心专家与学生的互动被证明是富有激情和充满挑战的。借助这个项目，世界遗产中心的专家可以通过日常经验和认知来解释世界遗产机制的细节。同时，学生们可以直接向专家提问，从而消除歧义和疑虑，建立一个如何利用世界遗产机制的清晰的职业愿景。通过亲身经历来发掘90位富有进取精神且有才干的年轻人，在澳大利亚和欧盟国家进行世界遗产管理活动。

"分享我们的遗产"的参与者通过这一经历实现了2007年新西兰克莱斯特彻奇举行的第31届世界遗产委员会会议上采纳的"4C策略"外的第5个"C"，即社区（Community），这是对"4C策略"的重要补充。《关于世界遗产的布达佩斯宣言》也将"5C策略"，即信誉、保护、能力建设、沟通和社区确定为世界遗产保护的战略目标。社区是"5C策略"中最重要的一个元素，每一位世界遗产管理者在与世界遗产内部或周围的居民或工作人员交流时应该牢记这一策略，这也是《世界遗产公约》诞生40周年活动以"世界遗产和可持续发展：当地社区的角色"为主题的原因。

《世界遗产与社区发展》的出版将使"分享我们的遗产"项目成果得到更广泛的传播。它为说明当地社区如何在世界遗产所有权的可持续管理方面取得积极效应提供了例证。

基肖尔·拉奥（Kishore Rao）
联合国教科文组织世界遗产中心主任

摘 要

《世界遗产与社区发展》是由澳大利亚政府和欧盟赞助的国际学生交换项目"分享我们的遗产"的研究成果。该项目的主要成员是 2005 年至 2008 年就读或供职于澳大利亚的查尔斯·达尔文大学、科廷大学、迪肯大学、墨尔本大学、西悉尼大学，以及比利时天主教鲁汶大学雷蒙德·勒麦尔国际保护中心、爱尔兰都柏林大学、西班牙瓦伦西亚理工大学、德国科特布斯勃兰登堡工业大学的学生和讲师。2008 年 1 月在瓦伦西亚理工大学召开的主题为"分享我们的遗产：保护遗产和经营旅游的新挑战"的大型会议标志着该项目的完成。该项目使人类遗产、遗产具有的身份建构意义和促进社区发展的潜力均与年轻的大学生密切相关，且具有重大的意义。

怀着同样的愿景，本书提供了更详细的见解。正如书名所表达的那样，遗产在社区发展中扮演着重要的角色，在这里它被理解为文化建构，即如果它被用来进行身份构建的话，需要的不仅是简单的保护，还要建立相关性的联系，以便它可以持续到未来。这样做是出于对世界遗产的利用和保护，这也是《世界遗产公约》中明确说明的目标。然而，为了实现这个目标，该公约必须被理解为发展政策的工具，并且应加速它在这方面的实施。为此，世界遗产委员会制定了战略方案，即"5C 策略"（信誉、保护、能力建设、沟通、社区）来支持该公约。如果希望有可持续的未来，这些策略不仅仅需要从遗产的过去入手，还需要着眼于当前积极的建设和维持过程。本书的结构和内容反映了这样的意向。

第一部分为世界遗产提名对当地社区的影响。这部分通过观察全球化产生的一些问题、人权话语的发展、操作指南和新的战略目标的实施，提供了关于世界遗产提名的基础性介绍。这一部分为之后的内容搭建了框架。

第二部分为旅游业给当地社区带来的挑战。在世界遗产保护的背景下，旅游作为促进发展的最重要资源之一仍存有争议。值得注意的是，目前一般不把旅游作为单一的资源讨论，而是在特定地点或管理背景下，作为以网络呈现或应用于相关国家的资源进行讨论。与其他广泛讨论旅游业的出版物不同，这一选择将重点放在旅游业对遗产发展的影响问题上。

第三部分是通过社区管理实现世界遗产价值的经费管理，这与总目标是一致的。本部分的三章内容从不同角度关注遗产价值，其中两章讨论的是费里曼特尔监狱和卡卡杜国家公园及其居民现场管理的复杂性，另一章通过锁定某一遗产价值范围的方式来关注世界遗产提名的影响。

最后一部分是案例研究，即最佳社区实践模型。从世界遗产委员会制定的"5C策略"中得到启示，根据社会经济发展条件确定并分析了世界遗产认定的具体要求。这些分析的价值体现在案例研究的方法中，此方法将世界遗产委员会认定的需要特别注意的问题置于背景之中。这些案例研究解决了乌干达、埃塞俄比亚和柬埔寨的社会经济发展问题，对于这些国家的生存是至关重要的。

我们真诚地希望对特约作者提出的问题和他们案例研究地点的讨论，能够为那些世界遗产保护者在其工作地点解决极具特殊性问题提供一份有用的概念性和实用性"地图"（指导）。他们可以从类似的问题和案例中找到合适的应对方法，并且受到鼓励，继续努力去保护、阐释和维持世界遗产对其原生社区乃至整个人类世界的意义与价值。

目 录

第一部分 世界遗产提名对当地社区的影响

第一章 世界遗产与全球化：联合国教科文组织对全球伦理发展的贡献……… 3
第二章 世界遗产地和原住民社区：采用基于人权的方法的重要性………… 12
第三章 遗产地管理中的合作伙伴：一个新的视角——遗产与社区参与…… 28
第四章 世界遗产的视角：面向未来的"5C"策略……………………………… 36

第二部分 旅游业对当地社区的挑战

第五章 遗址管理框架下遗产、旅游与当地社区的互动……………………… 51
第六章 旅游业与社区居民的感知
　　　——以世界遗产地泰国古城大城府为例………………………………… 64
第七章 关于世界遗产地的战略传播、旅游业和当地社区的网络应用……… 75

第三部分 社区对世界遗产价值的侵占

第八章 世界遗产与当地价值之间的紧张关系
　　　——以澳大利亚的弗里曼特尔监狱为例………………………………… 89
第九章 卡卡杜和理想化的伊甸园…………………………………………… 102
第十章 世界遗产政治中的区域与全球关系：社区发展的空间……………… 115

第四部分 社区参与的最佳实践模式

第十一章 保护区与农村地区的发展：以乌干达西部的世界遗产地为例…… 131
第十二章 将世界遗产管理作为发展的契机：
　　　　埃塞俄比亚拉利贝拉需要可持续的旅游业…………………………… 143
第十三章 保护遗产，摆脱贫困：鼓励吴哥窟建立企业合作关系…………… 153

后记　卡卡杜国家公园：一个 5000 年的幻境………………………………… 165

第一部分
世界遗产提名对当地社区的影响

第一章 世界遗产与全球化：联合国教科文组织对全球伦理发展的贡献

贝恩德·冯·多利是（Bernd von Droste）

引言

在过去，人类发展与环境之间的相互作用只是简单的地方性事务。但随着这些相互作用的复杂性及规模的迅速增加，曾经相对可逆的急性破坏性事件正在影响子孙后代，并见证人们对人为因素造成的气候变化的关切以及关于放射性废物处置的争论。人类应如何与地球和谐相处以及如何对后代负责是两个最具挑战性的问题，或许现代文明可以帮助我们从当地文化中学习如何将个人和世代视为家族谱系中的一员。

联合国教科文组织《世界遗产公约》标志着人类对于尊重和保护具有突出普遍价值的自然与文化遗产在道德义务的认知上迈出了重要一步。本书中的案例研究清楚地表明，世界遗产不是奢侈品，对于每个国家公民特别是当地社区居民的幸福感（福利）而言至关重要。世界遗产在自然资源和文化资源的合理利用中起着不可或缺的作用。精心选定和保护世界遗产地的完整性是明智之举，因为我们确切地知道，只有这样，我们的子孙后代才可以像我们一样享受宏伟壮观且缤纷多彩的地球脉动。

随着经济全球化的不断加深，将不可替代的世界遗产资源转化为商品的观点正不断被强化，我们必须保护这些遗产宝藏，因为在这里人们可以反思、学习并享受地球的给予，欣赏文化和自然的多样性。我们确切地知道，在遗产地我们可以从工业化、城市化以及全球化带来的紧张感中解脱出来，可以接触自然环境和激发人类创造力的文化资源。为此，永续保护、可持续利用并发展符合世界遗产价值观的保护行动势在必行。

作为世界遗产信托的持有者，负有责任的当地社区如何应对这一挑战，以及如何为可持续发展做出贡献,这些内容将在下面详细介绍。然而,发展和保护不再受限于人们在何处以及如何生活,我们必须参与处理全球性问题。

这就是本书的开篇:全球化意味着什么?全球化如何影响世界遗产?

一、背景

简单来讲,全球化意味着交通运输及通信技术的进步,这种进步使人与地方之间的相互联系日益密切,进而促进了政治、经济和文化的融合。全球化大体上包括:思想和知识的国际流通、商品和服务的国际流动、文化的共享、全球公民社会与全球环境运动。

全球化进程历史悠久,后文会加以描述。全球化进程在20世纪90年代加速时受到了热烈欢迎,1990年至1996年流入发展中国家的资金在短短6年间增加了6倍,成立于1995年的世界贸易组织是人们半个世纪以来的不懈追求,其目标就是要把法治的原则嵌入到国际贸易中。无论是在发达国家还是在发展中国家,每个人都是赢家,全球化有望为所有国家带来空前的繁荣。

不过,环保主义者很快就感觉到全球化破坏了他们十多年来为保护自然遗产而制定的规章制度,那些想要保护和发展自己文化遗产的人们也将全球化视为一种入侵。这些抗议者们不接受这样的论点:至少在经济上,全球化会让每个人都变得更加富裕。

其实,问题的核心不是全球化本身,而是全球化管理方式。在这方面有两个事实,首先是经济,特别是通过降低通信和运输成本的方式,已经成为全球化的主要驱动力;其次是政治,主要由发达工业国家设定的政治体系迄今为止未能创造出一套公平的规则。更确切地说,还没有考虑到人类为了自身生存而迫切需要的全球伦理的最低标准。鉴于上述情况,以下内容旨在突出联合国教科文组织对建立全球伦理标准的贡献。

二、联合国教科文组织对全球伦理的贡献

在整个联合国系统内,联合国教科文组织作为确保持久和平的团体,其任务侧重于教育、科学和文化等代际领域,基本使命是促进公平、公正的全球伦理。人人生而平等,无论阶级、性别、种族或世代都享有这些权利,世界遗产保护是我们代际责任的一部分。代际公平的基本原则是,当代人必须妥善对待人类不可替代的遗产,以造福今世后代。每一代人都是人类共同的自然和文化遗产的使用者、守护者和潜在增强者(贡献者),因此我们必须(至少)为后代留下相同的机会。

文化领域全球伦理的原则和基本思想包含在 6 项联合国教科文组织文化领域公约的最低标准中，特别是：

● 1954 年《关于发生武装冲突时保护文化财产的公约》（又称《海牙公约》），这是在此方面最古老的国际法律文件。

● 1970 年联合国教科文组织《关于采取措施禁止并防止文化财产非法进出口和所有权非法转让公约》。

● 1972 年《保护世界文化和自然遗产公约》（简称《世界遗产公约》），它在保护文化和自然遗产方面非常重要，本章将进一步强调它对全球伦理的贡献以及全球化对世界遗产地的正面和负面影响。

● 2001 年《保护水下文化遗产公约》，保护了海洋考古遗产。

● 2003 年《保护非物质文化遗产公约》，包括音乐、舞蹈、语言和节日等传统文化表现形式，它是《世界遗产公约》的重要补充，后者仅限于物质遗产保护。

● 2005 年《保护和促进文化表现形式多样性公约》，该公约在世界贸易组织（WTO）的框架内设定了除有关国际关税和贸易（GATT）文化外的基本原则。

虽然上文的阐释十分简要，但可以得出这样的结论：保护和促进人类共同遗产本身就是一项道德义务，它反映在构成联合国教科文组织在文化和自然遗产领域使命的基础和最终目标的规范性文书中。事实上，上述联合国教科文组织的所有公约都有助于建立全球公民文化。

三、"5E"和《世界遗产公约》

所谓"全球化的 5E"在世界遗产保护的范畴内值得商榷。第一个"E"代表伦理全球化（ethical globalization）。如前所述，《世界遗产公约》以及联合国教科文组织其他文化领域的公约都可被视为新的全球伦理基石。此外，受到该公约保护的许多世界遗产地在全球伦理的主要价值方面具有高度象征意义，特别是在尊重人权、民主和文化差异方面。

第二个"E"代表全球化的进化过程（evolutionary process）。因为全球化不是一个新现象，同样，联合国教科文组织《世界遗产名录》上的几个遗产地也说明了全球化的历史，特别是丝绸之路沿线的遗产，例如圣地亚哥德孔波斯特拉（Santiago de Compostela）的朝圣路线和罗马帝国边境的莱姆（Limes）沿线遗址。

第三个"E"与经济全球化（economic globalization）的关键问题密切相关。

在世界遗产范围内，应强调国际大众旅游对加拉帕戈斯群岛（Galápagos Islands）等世界遗产地的影响。另外，在卡卡杜国家公园（Kakadu National Park，澳大利亚）、黄石国家公园（Yellowstone National Park，美国）和宁巴山自然保护区（Mount Nimba Strict Nature Reserve，科特迪瓦和几内亚）等世界遗产地附近将要或已开始跨国公司的采矿活动。

第四个"E"是指环境全球化（environmental globalization）。该问题在媒体上成为头条新闻，但没有提出合适的解决方案。无论是在发展中国家还是在发达国家，世界遗产地都日益受到全球气候变化的影响。我们看到了一些令人震惊的报道，例如瑞士阿尔卑斯山少女峰—阿莱奇地区的冰川融化以及澳大利亚大堡礁的漂白现象。

第五个"E"代表电子全球化（electronic globalization）。强大的新型沟通工具为知识分享提供了前所未有的机会，但是与此同时也面临着信息操纵的可能和质量控制的缺乏。

我们强烈建议联合国教科文组织官方网站，包括各国家委员会的官方网站以及世界遗产咨询机构开展文化遗产修复领域的培训，特别是世界自然保护联盟（IUCN）、国际古迹遗址理事会（ICOMOS）以及国际文化财产保护与修复研究中心（ICCROM）等。

四、与全球伦理有关的世界遗产地

以下是几个与全球伦理要素密切相关的世界遗产地案例。如今民主被看作全球公民文化的核心要素，它不再代表一些自命不凡的精英，而是代表人民决定如何安排自己的生活。

公元930年建立于辛格韦利尔（Thingvellir，译为议会地）的冰岛议会可能是世界上最古老的议会。过去，全国各地的人们都聚集在辛格韦利尔讨论和解决社会与法律问题，议会由若干部分组成，如法律委员会、法庭和法律发言人等。几个世纪以来，冰岛人民每年都会在此举行议会，直到1789年，地震破坏了集会地点，议会不得不搬到雷克雅未克。由于辛格韦利尔具有作为议会地的重要性，它被认定为世界遗产。

保护个人的身体和情感的完整性，使其免受社会的侵扰，为体面的生活提供最低限度的社会和经济保障，通过公平的待遇和平等的机制纠正各种形式的不公正现象，这些是全球伦理必须解决的关键问题。奥斯威辛集中营，即在联合国教科文组织《世界遗产名录》中的德国纳粹集中营和灭绝营（1940—1945）提醒着我们，数百万人的基本人权、文化和信仰曾遭到残酷的无视。

另一个发人深省的世界遗产地是日本广岛和平纪念碑（原子弹爆炸圆顶屋），它是 1945 年 8 月 6 日该地区第一颗原子弹爆炸之后保存下来的唯一遗址。这座纪念碑提醒我们，我们有责任谨慎使用已取得的现代科技成果。原子弹的爆炸声警醒我们，使用原子能不是为了毁灭，而是为了和平。

罗本岛作为世界遗产，不仅象征南非人民的自决权，更代表了人类的宽容和尊严。1886 年，法国雕塑家巴托尔迪（Bartholdi）与古斯塔夫·埃菲尔（Gustave Eiffel）合作完成了自由女神像，将其作为法国赠送给美国独立 100 周年的礼物，此后美国迎接了数以百万计的移民。

五、展示全球化发展史的世界遗产地

丝绸之路是东西方之间交流与对话的融合之路，两千多年来为人类文明的共同繁荣做出了重大贡献。丝绸之路公认的起始时间是公元前 138 年，汉武帝派遣张骞出使西域，东方丝绸之路最初的起点是长安（今西安）。1974 年在这个古都的中心有一个非凡的发现：秦始皇陵及著名的兵马俑。丝绸之路沿线的另一个世界遗产地，同时也是世界多元文化交汇的大熔炉，即处在文化十字路口的撒马尔罕城（乌兹别克斯坦）。

20 多年来，联合国教科文组织一直致力于实现"丝绸之路"系列及跨国世界遗产提名的构想，其中包括现有的世界遗产和增加的其他遗产，以更全面地描绘和展示中亚丰富的文化遗产。丝绸贸易也在地中海地区发挥了重要作用。瓦伦西亚丝绸交易厅（西班牙）就是一个典型的例子，这座建筑是十五六世纪地中海主要商业城市权力和财富的完美例证，于 1996 年被列入《世界遗产名录》。罗马帝国曾扩展到非洲沙漠边缘、北方苏格兰以及东方日耳曼部落的边界，如今人们仍然可以从边境的城墙感受罗马帝国首府曾经的辉煌。

位于摩洛哥的瓦卢比利斯（毛里塔尼亚原首都）考古遗址建于公元前 3 世纪，是罗马帝国的一个重要前哨。118 公里长的哈德良长城（Hadrian's Wall）可以保护罗马帝国不受苏格兰人的入侵，而特里尔的罗马纪念碑则向我们揭示了公元 3 世纪末罗马帝国的四帝共治制。欧洲文化交流规模扩大的另外一个例子是圣地亚哥德孔波斯特拉（西班牙）的路线，圣地亚哥德孔波斯特拉是中世纪时成千上万来自欧洲各地朝圣者的最终目标。殖民地城市圣多明戈（多米尼加共和国）纪念克里斯托弗·哥伦布在 1492 年到达该岛。《世界遗产名录》上有一系列的汉萨同盟城市，如维斯比（瑞典）和吕贝克（德国），它们是北欧的主要贸易中心，标志着全球化进程的开端。

六、经济全球化影响下的世界遗产地

除了能源供应和军火交易之外,在世界范围内的旅游活动中全球化表现得尤为明显,预计年收入达 3 万亿美元。交通运输技术的迅速发展和成本的降低、生活水平的提高以及度假和休闲时间的增多等因素刺激了洲际大众旅游的兴起。世界旅游组织估计,1950 年全球旅游业已涉及 2500 万人,1995 年为 5.28 亿人,而 2010 年达到 10 亿人。

著名的拉帕努伊国家公园(复活节岛,智利)、婆罗浮屠寺院(印度尼西亚)等世界遗产地是地球上最独特的地方,吸引了大量的游客前来观赏。超过 850 个世界遗产地①像磁铁一样吸引着游客,这对经济和就业方面的影响是巨大的,当然有时也是麻烦事。旅游业有很多明显的优势,对于东道国来说,城镇和遗产地旅游带来了就业机会和外汇流入,有时会促进当地基础设施的改善。同时,游客可以欣赏世界奇观,更多地了解其他国家,了解他们的环境、文化、价值观和生活方式,从而增进国际间的相互理解。然而,旅游业也有许多负面影响:

● 环境方面,如土壤、地面、墙壁的加速侵蚀,对生态系统的破坏和对野生动物的干扰。

● 社会方面,如破坏当地文化。

● 大型停车场、商场、酒店、公路、机场等旅游相关设施的开发带来的影响。

● 不恰当的重建。

下面将列举一个令人震惊的例子,它说明了快速发展的全球化如何影响世界遗产。当加拉帕戈斯群岛于 1978 年成为世界文化遗产时,该群岛的游客数量为 9000 名,1996 年为 5 万人,2007 年为 15 万人。与旅游人数增长直接相关的是岛屿与大陆之间日益增加的交通量(这些岛屿离拉丁美洲大陆有 1000 多公里),导致了这个著名的"达尔文进化实验室"通过隔离所形成的自然演化过程的崩溃。1978 年,几乎没有飞机降落在这个群岛上。而到了 2007 年,由于旅游业的发展,岛上有近 2500 架飞机降落。外来人工引种的植物数量随着游客的增加而增加,1978 年该岛上有大约 200 个外来维管束植物,1996 年有 400 个,而 2007 年则有 800 个,当地的动植物已经被"飞机和轮船带来的乘客"一样来自世界各地的生物所取代。由于生物多样性的缺失和不可持续的开发,世界遗产委员会别无选择,只能把加拉帕戈斯群岛列入 2007 年的《世界濒危遗产名

---

① 在本书中,关于世界遗产的数据都是从 2008 年算起。

录》。

七、环境全球化：气候变化时代的世界遗产保护

没有比全球变暖更具有全球性的问题了，因为地球上所有的人都享有相同的大气层。关于全球变暖有 7 个事实：
- 20 世纪地球温度上升了约 0.6℃。
- 即使微弱的温度变化也会产生很大的影响。
- 气候变暖的威胁是史无前例的，甚至可以追溯到数百万年前。
- 20 世纪海平面上升了 10cm 到 20cm。
- 即使是海平面的微小变化也会产生很大的影响，例如海平面上升 1m 将淹没佛罗里达和孟加拉国等世界各地的低洼地区。
- 大气中的温室气体浓度已经大幅增加，至少在过去两万年里，这些数字一直以较快的速度增长。
- 温度变化的速度有可能加快。

目前，世界正在进行一项宏大的实验研究，将二氧化碳排放到大气中时会发生什么。科学界对这一结果相当确定：冰川和极地冰盖将融化，洋流将改变，海平面将上升。与全球化的其他问题不同，全球环境问题对发达国家和发展中国家的影响是相同的。许多世界遗产地已经受全球变暖的严重影响，尤其是世界上最壮观的冰川，如瑞士的阿尔卑斯山少女峰—阿莱奇（瑞士）和阿拉斯加的圣伊莱亚斯冰川（加拿大和美国边界的克卢恩/兰格尔—圣伊莱亚斯/冰川湾/塔琴希尼—阿尔塞克国家公园和保护区的一部分）。令人震惊的是，澳大利亚的大堡礁、伯利兹的月亮礁和加拉帕戈斯群岛的珊瑚礁正在消失或白化。

八、电子全球化：智慧化网络新时代的世界遗产保护

从经济意义上讲，全球化正在影响着每个国家，互联网通信的 Web 2.0 时代正以前所未有的方式改变人际关系和跨文化交流。尽管并非人人平等参与，但将任何民族的文化从这种影响中分离出来都是不可能的。众所周知，通过展示世界遗产地重要性和价值的方式来促进遗产保护，是世界遗产保护过程中的关键要素。在过去，对世界遗产的解读和展示只是环保主义者和专家学者的工作。然而，在相互依存日益加深的智慧化网络时代，我们观察到的是完全不同的遗产地展示方法，这些方法对遗产重要性的理解可能与任何官方或共同协定都有所不同。

这里有一个特别突出的例子。2007 年，一家瑞士基金会赞助并发起了"世

界新七大奇迹"的评选活动，它建立了一个国际电话和电子邮件投票系统，并开展了相关的宣传活动。20%的选票通过短信发送，余下的80%则通过电子邮件发送，最终共有1亿张选票被以非常不科学的方式收集和记录下来，因为无论是谁都可以打电话，对投票的次数也没有任何限制。值得注意的是，1400万约旦人投票选择了佩特拉这个人口为700万的国家，1000万巴西人则将选票投给了里约热内卢的基督像。在这次活动中，并非每个人都对后来的结果感到满意，也没有使用公开的投票方法。据报道，梵蒂冈对西斯廷教堂被遗漏感到不满，柬埔寨政府则认为吴哥窟应包括在内。

从结果上看，中国、印度、秘鲁等国家对这次投票比较重视，欧美国家则没有太大兴趣，这样的结果与互联网的可访问性有关。可以理解的是，联合国教科文组织对这场商业活动表示不屑一顾，且遗憾地表示这个倡议不能以任何重要方式促进遗产地保护。作为一种交流工具，互联网的力量几乎是无限的，而未来将这些媒体工具运用于遗产感知和呈现方面需要迅速而负责任的行动。

九、结语

总之，经济全球化是全球气候变化这一全球最紧迫问题的核心。这一严峻的形势要求各国克服那些不考虑子孙后代发展的、混乱的经济扩张行为，保护地球的基础设施，特别是地球上超过25万种的植物，因为它们提供了所有生命赖以生存的氧气。

世界文化多样性是人类不可或缺的财富，因为文化是我们进步和创造力的源泉。为了保护人类的自然和文化遗产，造福今世后代，联合国教科文组织作为联合国系统的一部分，努力促进全球伦理的建立。联合国教科文组织通过了6项按照国际标准制定的法律文件，这一行为被视为平衡经济全球化的努力，特别是保护文化表现形式多样性的努力。换言之，各国应有权对本国文化产业给予补贴，并采取措施保护和促进文化发展。

《世界遗产公约》强调人们在遗产保护方面的代际责任，它是联合国教科文组织其他公约的重要基础。此外，世界遗产证明了全球化的历史，一些世界遗产地与我们这个时代严重缺失的全球伦理的基本价值观直接相关。

参考文献：

1. Brown Weiss, E. 1989. In Fairness to Future Generations. Tokyo, United Nations University.

2. Burke, Sh. 2007. Conserving heritage assets in an age of web wisdom? Paper

presented at Beijing Forum 2007.

3. Gore, A. 1992. Earth in the Balance. Boston, Mass., Houghton Mifflin Company.

4. Stiglitz, J. 2007. Making Globalization Work. London/New York, Penguin Books.

5. UNESCO.1998. World Heritage in Young Hands: An Educational Resource Kit for Teachers. Paris, UNESCO.

6. UNESCO. 2007. World Heritage: Challenges for the Millennium. Paris, UNESCO.

7. Von Droste, B. 2004. Das UNESCO-Konzept des Weltkulturerbes. Jork, Germany, Lessing-Gespräche, pp. 9-25.

8. UNESCO. 2005. The Growing World Heritage Tourism Market, A Major Challenge for Conservation Management. Paris, UNESCO World Heritage Centre, pp. 21-27. (World Heritage Papers 15.)

9. UNESCO. 2006. A gift from the past to the future: natural and cultural World Heritage. In: 60 Years of Science at UNESCO. Paris, UNESCO, pp. 385-400.

10. UNESCO. 2007. The challenge to transmit the legacy of the past to future generations: the case of World Heritage. Paper presented at Beijing Forum 2007.

11. UNESCO. 2008. UNESCO Weltkulturerbe: Qualitatives Wachstum mit Hilfe externer Instanzen, Jahrbuch Internationales Markentechnikum. Berlin, Jahrbuch Markentechnik.

第二章 世界遗产地和原住民社区：
采用基于人权的方法的重要性

斯蒂芬·迪斯科（Stefan Disko）

引言

2007年6月，世界遗产委员会决定在2002年通过的《关于世界遗产的布达佩斯宣言》（全书简称《布达佩斯宣言》）四项战略目标的基础上再新增一个目标，即"强化社区在实施《世界遗产公约》中的地位和作用"。这一目标的深层原因是，认可"原住民社区在实施公约中的重要地位"（世界遗产委员会第31COM/13A号决定和第31COM/13B号决定，2007），它鼓励所有利益相关主体都参与推动和实施第五个战略目标，但就社区参与而言，该主张仍旧缺乏进一步的指导。

本章探讨了原住民社区参与实施公约，识别、提名、管理和保护世界遗产地的合理框架与条款。许多世界遗产都位于原住民拥有或使用的土地范围内，对他们而言具有重大的经济、文化和精神价值。[①]由于《世界遗产公约操作指南》允许提名对于当地原住民在经济、社会、文化或精神价值等方面有持续影响作用的文化景观，我们可以大胆预测，未来《世界遗产名录》上"原住民景观（indigenous sites）"的数量会有所增加。[②]

根据《国际人权法》，原住民社区参与和执行公约必须建立在与其他参与社区拥有不同原则的基础上，所适用的框架和管理世界遗产地的框架是完全不同

---

① 例如，新西兰的汤加里罗国家公园，澳大利亚的卡卡杜国家公园，美国的陶斯村落和夏威夷火山国家公园，秘鲁的马努国家公园，坦桑尼亚联合共和国的恩戈罗恩戈罗保护区，尼日利亚的苏库尔，菲律宾的科迪勒拉斯水稻梯田，瑞典的拉普尼安地区。

② 此外，联合国大会建议教科文组织根据《世界遗产公约》和《非物质文化遗产保护公约》，承认原住民遗产为人类遗产做出的贡献（联合国大会，2005）。

的。特征鲜明的原住民作为"人",享有"当地社区"不曾享有的国际法赋予的集体权利,尤其是构成原住民社区的自决权(the right of self-determination)①,这些明确的权利是由联合国大会于 2007 年 9 月通过的《联合国原住民权利宣言》提出的。作为致力于人权保护的国际组织,联合国教科文组织有不可推卸的责任和义务来确保世界遗产地和公约尊重、保护并履行这些权利,这是彰显组织公信力的关键所在。基于此,若某地的原住民人权遭到侵犯甚至破坏,世界遗产委员会将不会"批准"当地成为世界遗产地。

因此,本章主张:在向原住民社区实施第五个战略目标时,必须遵照采用基于人权的方法。为此,《联合国原住民权利宣言》应提供基本的规范性框架②。这是联合国教科文组织在更深层次上尊重人权的表现,也体现了世界遗产地作为"可持续发展空间"和"协调工具"的功能和特点。③正如教科文组织强调的那样,将可持续发展、尊重维护人权和保护文化多样性作为其努力的目标,三者之间有着不可分割的、深刻的且相互关联的关系。采用基于人权的办法也符合世界遗产地作为保护模范的典范功能。松浦晃一郎(2002)曾言:"世界遗产地应该作为一个例子,成为所有地方的保护模范,包括更多的地方利益。"

在某些方面,有些世界遗产地已经探索出了原住民参与遗产地管理的最佳实践模式。尽管如此,教科文组织认为有些遗产地仍然存在原住民受到多种形式歧视、人权受到侵犯且被排除在当地重要决策之外的情况(Titchen, 2002)。例如,在原住民的部分土地被提名列入《世界遗产名录》或是编入世界遗产地管理计划时,并没有征询他们的意见;对于遗产地内原住民公有土地所做出的决定,并没有经过当地社区的同意,甚至根本就没有咨询过他们的意见;此外,还有原住民被限制在遗产地内,按照他们传统的生活方式狩猎野兽、采摘野果

---

① 1966 年,两项国际人权盟约的第一条均为:"各国人民都有自决的权利。这一权利赋予人们自主决定自己的政治地位、经济追求,以及社会和文化层面发展的自由。"而 2007 年的《联合国原住民权利宣言》第三条也同样肯定了原住民的这一权利。

② 正如联合国教科文组织总干事松浦晃一郎(2008:1-2)所述:"新的宣言呼应了教科文组织《世界文化多样性宣言》(2001)及相关公约的原则——特别是 1972 年的《世界遗产公约》、2003 年的《非物质文化遗产保护公约》和 2005 年的《保护和促进文化表现形式多样性公约》。"

③ 根据 2008—2013 年中期战略,联合国教科文组织要确保"保护(世界遗产)遗址有助于使其成为协调和可持续发展的基地从而提升社会凝聚力"(第 106 段)。该战略还指出,遗产具有"三重作用——认同的基础、发展的载体和协调的工具,教科文组织将致力于促进参与性和推出能够同时满足保护和发展要求的包容性政策和措施……"(第 105 段)。例如,教科文组织在世界遗产地推广可持续旅游以促进当地社区的经济和社会发展,同时积极参与遗址的管理和保护工作(联合国教科文组织大会,2007 年,第 1 段(a)(i))。显然,被列入《世界遗产名录》往往带来各方面的发展(如旅游、基础设施等),且对区域经济和当地生活方式也产生了多方面的影响。因此,世界遗产地也需要被置于发展的语境下。

或使用土地。在某些情况下，原住民社区甚至被强行从当前被列为世界遗产的自然保护区中迁出（Poole，2003）。①除此之外，还存在一些别的问题：缺乏有效的原住民参与遗产地管理的框架；不尊重传统知识和原住民习俗（institution）；将《世界遗产名录》中的遗产地作为主要旅游目的地大力宣传而损害原住民的利益。

当世界遗产地囊括了原住民的土地时，就必须得到当地社区的认可和长期授权，对这些地区的管理和保护需要遵照当地原住民的风俗、习惯和法律进行，因为世界遗产所在地及其旅游开发、基础设施建设和其他相关工作事项的发展广泛影响着当地原住民的祖先所遗留下的土地、遗产、文化、生活方式，甚至他们子女的未来。在遗产地管理中，我们必须确保这些原住民能够继续按照他们传统的方式生活，并尊重、保障和保护他们独特的文化特征、社会结构、经济制度、风俗、信仰和传统。同时，我们也必须采取适当的措施来保障他们与土地的特殊联系，以及这些社区和人民的独特社会、文化与经济存在的持续性。当第五个战略目标应用于原住民社区时，以上这些应当是重要的考虑因素，而实现方式是通过并贯彻落实基于人权的方法。

采用基于人权的方法将有助于生活在世界遗产地及周边地区的原住民行使他们保护并发展当地文化遗产、传统文化、知识和文化表现形式，以及根据他们自己的愿望和需要进行发展的权利。②这将有助于确保被认定为世界遗产的地区不会滥用原住民的遗产，更不会助长滥用"合法化"，因而它也能够加强《世界遗产名录》的公信力。毫无疑问，此举同样能够强化原住民社区对《世界遗产公约》及其宗旨的支持和认同，从而有效保护原住民土地上的世界遗产地的"突出普遍价值"。尽管世界遗产保护所主张的价值与土地所有者或守护者所追求的集体利益有所不同，但基于人权的方法将使得这种对立在公正、平等且没有歧视的语境下得到缓和。这也同样适用于二者追求的利益一致的目标，但与缔约国批准《世界遗产公约》后出现的发展利益背道而驰。

一、联合国教科文组织对人权的承诺

普遍尊重人权是联合国教科文组织的根本宗旨之一。根据教科文组织的章程，组织的目的是"通过教育、科学和文化促进各国之间的合作，为和平与安全做出贡献，进一步普遍尊重正义、法治、人权和为世界人民所认同的基本自

---

① 据蒂钦（Titchen，2002）所说，存在着原住民被从保护区迁出来使得当地能够登上《世界遗产名录》的情况。

② 详见《联合国原住民权利宣言》，序言和正文第23和31段。

由"(第1段)。因此，国际间文化合作被视为促进和平、尊重正义、实现法治和人权的手段，而不是目的（Lee，1965）。①

2003年，联合国教科文组织重申了人权战略中对于人权的承诺。该战略的总体目标是"增加教科文组织在全球化时代背景下对促进人权的贡献，并重申了教科文组织在促进所有人的权利方面的具体角色与作用"（第11段）。这一目标的提出是基于对以下现象的观察：

虽然全球化创造了前所未有的财富和福祉，但也随之出现了许多国家、群体和个人的日渐贫穷、不平等和排外（exclusion）等现象。因此，我们应当加紧开展有关尊重、保护和落实人权的活动来创造"人性全球化"（第17段）。

首先，在人权战略方面，"旨在将基于人权的方法纳入教科文组织的所有计划"（第10段）。这意味着在实际操作中，"所有的活动都应有助于实现人权，这表示基本的人权原则……（和）标准应当对所有计划的制定、实施和评估都予以指导"（教科文组织大会，2006）。

联合国教科文组织2008—2013年中期战略强调：组织的行动"继续受到包括正义、团结、宽容、分享、平等、尊重人权……和文化多样性、多元主义与民主原则在内的一套共同价值观的指导与塑造"（第2段）。它重申，"本组织将努力在能力所及范围内的所有领域推行用基于人权的方法来制定计划"（第6段）。此外，人权战略还宣布联合国教科文组织将依托其道德使命，"优先关注弱势群体、受排斥群体和包括原住民在内的社会中最脆弱群体的需求"（第5段）。

联合国教科文组织增进人权的责任是由其内部系统对维护和促进文化多样性的要求所决定的。2001年联合国教科文组织发布的《世界文化多样性宣言》提出："捍卫文化多样性在道德上势在必行，并且与尊重人的尊严密不可分。这是对人权和基本自由的承诺，尤其是对于……原住民的人权。"（第4条）同样，2005年，《保护和促进文化表现形式多样性公约》强调："只有保障人权……才能保护和促进文化多样性。"（第2.1条）该文件同时强调了保护和促进文化多样性"预示着承认对所有文化，包括……原住民文化的平等对待和尊重"（第2.3条）。当然，问题的核心在于尊重原住民，使他们继续作为承载该文化的独特民族而存在，以此保护文化的多样性。原住民对于世界文化多样性有巨大的贡献，世界上约有6000余种文化，其中约有4000至5000种属于原住民文化。也就是说，全世界6000多种语言中，约3/4是原住民所创造和传承的（人权事

---

① 详见1966年《国际文化合作原则宣言》第4、11章。

务高级专员办事处，2001）。

其次，《联合国原住民权利宣言》特别呼吁联合国的专门机构和其他政府间组织为"全面落实本宣言内的条款"而有所行动，同时"促进尊重和充分实施条款来保证此宣言的有效性"（第41条和第42条）。教科文组织总干事松浦晃一郎（2007）称："教科文组织对（宣言的）通过表示欢迎，认为宣言的通过对于原住民和所有致力于保护、促进文化多样性和文化间交流的人们而言，是一个里程碑。宣言承认原住民文化在世界文化景观中所占的重要地位，以及对我们丰富的文化多样性所做出的重要贡献，正如前文序言提到的那样，它是人类的共同遗产。"宣言强调原住民应当有维护和发扬自己的习俗（institution）、文化和传统的权利，并根据自己的需要和愿望继续追求发展。这些问题是教科文组织的核心使命，而这一宣言无疑为原住民设计和实施方案提供了首要参照点。

二、发展、人权和文化多样性间的相互关系

从20世纪90年代的世界首脑会议到21世纪初期，国际上就发展与人权两大主题之间密切的相互依存关系达成共识。① 我们充分认识到，正如2005年世界首脑会议的结果文件所述："民主、发展、尊重所有人的人权和基本自由是相互依存且相辅相成的。"（第135段）此外，促进和保护所有人充分享有人权和基本自由对于推动发展、和平与安全来说至关重要，在可持续发展层面，国家和国际的良好治理同等关键（第11、12、24、39段）。而反过来讲，良好的治理又被普遍理解为需要以尊重人权为前提，特别是尊重那些少数群体和社会上最弱势的群体（教科文组织大会，2005）。②教科文组织2008—2013年中期战略反映了这一共识，强调在执行任务方面，教科文组织"将不懈地寻求能够加强和平、可持续发展和人权的支撑力量"。

对于人权与发展间密切的相互依存关系的认识促成了联合国在系统内广泛推行"基于人权的方法"（人权事务高级专员办事处，2006）。教科文组织的中期战略宣布，将"通过在其力所能及的领域内采用基于人权的方法"（第69段）为实现"千年发展目标"做出贡献。实现人权被视为这种方法发展的最终目标，而发展又是权利持有者与责任承担者之间的关系。发展项目和方案的影响是以有明确人权规范和原则的人权指标为基础进行监测和评估的，对于发展的进程和结果具有重要意义。2003年，在联合国机构间研讨会上，各机构对基于人权

---

① 详见1993年世界人权会议、1995年社会发展世界首脑会议、2000年千年首脑会议、2002年可持续发展世界首脑会议、2005年世界首脑会议的决议文件。

② 见《联合国千年宣言》第五部分：人权、民主和良好的治理。

的方法发展达成了共识（人权事务高级专员办事处，2006：附件二），对此的理解包括以下三点原则：

1. 所有的发展计划和政策能够进一步实现人权。
2. 在人权规范和原则的指导方案编制过程中，每个部门应在各阶段进行合作。
3. 发展方案有助于"权利所有者"（拥有有效权利的个人或群体）主张权利，同时也使得国家或非国家的"责任承担人"履行义务。

值得注意的是，人权在 2000 年《联合国千年宣言》和 2005 年世界首脑会议成果中被反复提及，这本身就是人权的重要发展。[①]而联合国大会 1986 年的《发展权宣言》指出，"发展旨在不断改善全体人民的福祉，是涉及经济、社会、文化和政治的综合的全面进程"（序言）。

> 发展权是一项不可剥夺的人权，每个人都有权参与。发展权使得每个人都能够为经济、社会、文化和政治发展做出贡献并共享发展成果，使所有人的人权和基本自由都得以充分实现（第 1 条第 1 款）。
> 发展权也意味着人民拥有充分行使自决的权利，包括……对其所有的自然财富和资源行使不可剥夺的完全主权（第 1 条第 2 款）。

因此，大会认为实现包括个人权利和集体权利（这二者是相互关联、不可分割的整体）在内的人权是实现发展的先决条件，同样也是发展的根本目标。

《联合国原住民权利宣言》重申了原住民有"根据自己的需要和利益发展的权利"（序言）。第 23 段提出：

> （原住民）……拥有决定和制定优先事项与战略的发展权，并且有权积极参与制定和确定会影响他们的方案，并尽可能通过自己所在的组织提出意见。

原住民一直在对"不断追求经济增长，而忽视了文化发展、社会公平和环境可持续性"（Tebtebba，2008）的发展战略提出质疑。他们呼吁从当地经济、社会、政治、文化和精神福祉出发，以尊重原住民的集体权利（包括土地和资源权利）、独特习俗、文化、传统、法律体系和习惯法为基础，寻找一个范例。他们还强调，"只有地方控制才能使发展真正适合当地的实际情况"（Tebtebba，

---

① 联合国大会还授权人权理事会在今后的所有工作中负责审议"促进和保护所有人的人权"项目下涉及"发展权"和"人民的权利"的项目（人权理事会，2007b，附件，第五部分；联合国大会，2007）。

2008），避免采用"一刀切"的办法。原住民独特的发展模式和主流模式的区别是"有身份认同的发展"和"自决发展"（Tauli-Corpuz，2008）。

因此，联合国原住民第二个"国际十年"（2005—2014年）的主要目标是在公平的语境中重新定义发展政策以实现在文化上的发展，同时应当尊重原住民文化和语言的多样性（联合国大会，2005：第9段）。

《第二个世界原住人民国际十年行动纲领》第12段提议：

> 应该把文化融合作为发展项目设计的前提和基础，尊重人的生活方式，实现人的可持续发展，以此实现"有身份识别的发展"。

这反映了联合国教科文组织以广泛而全面的视角看待发展，强调文化和发展不可分割的政策目标。由《联合国教科文组织世界文化多样性宣言》第3条可知，文化多样性是发展的源泉之一，应当"不单单从经济增长的角度进行考量，还要同时注重获得更多的智慧、情感道德和精神价值"。《保护和促进文化表现形式多样性公约》则将保护和促进文化表现形式的多样性作为"可持续发展的基本要求"，并呼吁各国"将文化融入有利于可持续发展的各级政策中"（第2条第6款和第13条）。① 此外，由联合国教科文组织牵头制定的《联合国可持续发展教育十年规划》（2005—2014年）中特别强调，"可持续发展的三大支柱——经济、社会和环境都是以文化，特别是文化多样性为基础的"（教科文组织大会，2005）。

这与世界文化与发展委员会（WCCD）的结论是一致的。他们强调，在以人为中心的发展模式中，文化不应该仅仅被视为促进经济增长的手段，而应当是目标本身。他们认为，发展"必须包括文化发展、培养尊重所有文化的意识和尊重文化自由的原则"（WCCD，1996b）。世界文化与发展委员会强调在这样的发展模式中承认集体权利的重要性："文化自由……是集体自由。它指的是一群人自己选择生活方式的权利。"文化自由同样也是个人自由发展的先决条件，"它不仅保护集体权利，还保护每一个个体的权利；个人权利可以独立于集体权利而存在，但集体权利和文化自由又为个体自由提供了保护"（WCCD，1996b）。

该委员会还注意到，有计划的发展进程使得世界各地的原住民在与他们直接有关的事项上没有充分的政治代表权，由于土地和资源基础受到侵蚀，原住民正在逐渐丧失他们的语言、社会和政治机构、风俗传统、艺术形式、宗教习

---

① 《世界首脑可持续发展会议执行计划》（2002）的第5段："和平、安全、稳定与尊重包括发展权和文化多样性在内的人权与基本自由，是实现可持续发展并确保可持续发展惠及一切的关键。"

俗与文化价值观,并且面临丧失其独特民族文化身份的危险(WCCD,1996b:68-71)。委员会得出以下结论:

> 对于那些致力于保护文化多元性和政治民主性的国家而言,如今他们面临的挑战是要创造一个一体化发展的环境,并且在真正具有包容性的基础上建立最佳的实施机构。这就意味着他们需要尊重价值体系,尊重原住民社会和环境中形成的传统知识,尊重他们的文化基础……以及这些社区在和平合作中决定自己的优先事项的权利。

三、对原住民的发展采用基于人权方法的基本内容

我们可以在全面明确原住民权利的《联合国原住民权利宣言》中找到对原住民发展采取基于人权和文化感知方法的基本内容。①但该宣言是不具约束力的文书,它虽然详细阐述了适用于原住民的现行国际人权标准,但并没有创造任何新的权利。②不过宣言肯定了原住民在政治、经济、社会、文化、精神和环境方面拥有广泛的、固有的权利。

该宣言第43条确认的权利是"构成世界原住民生存、尊严和福祉的最低标准"。这为各国、各国际机构和民间社会组织提供了一个明确的制定、执行和评估针对原住民,或能够对其产生影响的发展项目和政策的参考框架。联合国发展集团(UNDG)依照该宣言和其他国际文书制定了《原住民问题行动指南》,"制定了对原住民采用基于人权和文化敏感的方法的广泛的规范、政策和业务框架"(UNDG,2008;UNDESA,2008:13-38)。此外,联合国原住民权利和基本自由情况特别报告员鲁道夫·斯塔文哈根的一份报告特别强调了应对原住民实行基于人权的方法(人权理事会,2007a)。

这样的方法将原住民视为权利的主体(而非其他人设计的政策对象),并将其权利的实现作为主要的发展目标。根据《联合国家宣言》,原住民被看成集体权利的拥有者,集体权利是对个体权利的补充,对"各国人民的生存、福祉和整体发展而言是不可缺少的"(前言)。所有项目和方案的提出都以原住民社区自由、优先且知情同意为基础,原住民社区在规划、执行、监测等发展周期的所有阶段都有参与。这些原住民社区能够根据集体的愿望和需求做出发展反应

---

① 宣言中提出的原则是对1989年国际劳工组织发布的《原住民和部落居民公约》等国际文书和人权机构的建议(如消除种族歧视委员会(CERD)发布的《关于原住民人权的第二十三号建议》)中提出原则的扩大和补充。

② 正如联合国原住民权利和基本自由情况特别报告员詹姆斯·安纳亚所指出的那样,宣言"提出了适用于所有人的基本人权原则,并在具体的历史、文化、政治和社会方面进行了阐述"(联合国新闻中心,2008)。

和举措，而不被外界施加的压力所影响。

以上提到的"自由、优先和知情同意"是《联合国家宣言》中的一个关键原则，同样也是基于人权的方法的一个组成部分。其中第19条规定，各国"应通过自己的代表机构与相关原住民真诚地进行磋商与合作，以便在采取或执行可能影响他们的立法或行政措施之前，使他们'自由、优先和知情同意'"①；与之相关，第18条规定原住民有权"通过他们自己的程序自行选择代表来参与影响其权利的事项的决策"；第41条又特别呼吁联合国专门机构和其他政府间组织探索建立"确保原住民能够参与影响他们的政策"的途径和手段。

值得注意的是，联合国原住民第二个"国际十年"的一个主要目标是：

> 促进原住民充分、有效参与直接或间接在集体利益或者其他方面影响其生活方式、传统土地和文化完整性的决策，并应当遵循自由、优先、知情同意的原则（联合国大会，2005：第9（ii）段）。

在《第二个世界原住人民国际十年行动纲领》中补充到："在原住民的土地上发展旅游和国家公园活动时应特别谨慎"（第19段）。

《联合国家宣言》进一步申明，原住民有权"行使发展权，决定优先事项和战略"，并"尽可能通过自己的组织管理（发展）的方案"（第23条）。因此，在原住民发展中采用基于人权的方法，是将原住民视为主要的行动者和决策者。在发展项目与方案中应用这些原则对原住民社区产生影响，是为了确保能够尊重原住民自决的权利，是为了确保在文化层面适应当地发展并反映原住民的愿景和利益。

在影响原住民发展的方案中，尤其重要的是他们拥有、使用和控制自己的土地、领土和自然资源的集体权利。《联合国家宣言》第26条第2段说明，原住民有权"拥有、使用、发展和控制他们由于传统所有权或其他传统方式的占有或使用而拥有的土地和资源"。②此外，宣言还认可原住民有权"维护和加强他们与土地、资源的特殊精神关系"，且"能够为后代保留在这方面的责任"（第25条）。

原住民的土地和资源对他们的生计与生存、文化、精神、经济、社会和文化福祉，以及有效行使自决权来说至关重要。另一方面，它们往往又是蕴含不利影响的外部开发活动（如采伐、采矿或旅游活动）的焦点。正

---

① 对于"自由、优先和知情同意"这一主要原则的内容及相关建议，参见2005年联合国常设论坛关于对原住民自由、优先和知情同意的国际研讨班的报告（PFII，2005：第44-49段）。

② 消除种族歧视委员会也发布过关于原住民权利第二十三号的一般性建议。

如《联合国家宣言》的序言所指出的，"原住民对会影响到他们，以及他们的土地和资源的发展应该有足够的控制力，使他们能够维持和加强他们的体制、文化和传统，并按照他们的愿望和需求去发展"。此外，联合国特别报告员鲁道夫·斯塔文哈根也指出，尊重原住民的土地和资源的权利"是原住民享有其他权利（如食物、健康、充足住房、文化和宗教信仰自由的权利）的前提条件"（人权理事会，2007a）。

联合国原住民问题机构间支助小组（简称 IASG，联合国教科文组织也是其中的一员）"承诺在机构范围内推广（上述）宣言的内容和精神，并确保该宣言成为贯穿整个工作的活动文件"（IASG，2008a）。① 小组成员还应该审视该宣言的框架和其他有关原住民的文书的政策，"以便所有政策、方案、项目、其他文书、活动以及采用基于人权的方法发展与该宣言是契合的（IASG，2007：第 9 段）。

在依据上述宣言的范围对发展的主题进行探讨时，"支助小组所有的成员都强烈意识到，文化必须是对原住民有意义的发展方式的推动力"，因此提出：

（a）根据《教科文组织世界文化多样性宣言》（2001 年）及相关公约，应使工作人员在与原住民的合作中采用文化多样性的原则。

（b）探讨不同机构（包括教科文组织）利用现有工具、方法和手段将文化多样性原则纳入政策和规划的主流的可能性，同时阐明其与《联合国原住民权利宣言》间的关系（IASG，2007）。

四、结论与建议

如上所述，在将世界遗产委员会的第五个战略目标应用于原住民社区的过程中采取基于人权的方法，符合教科文组织的使命和发布的政策目标，同样也符合联合国发展机构所做出的努力与他们所推进的改善原住民人权状况的计划。在此过程中，也要将文化多样性的原则适时纳入发展政策和规划中去。显然，世界遗产委员会应为之努力，请自隗始。

多年来，联合国的国际保护与发展组织、公约机构和其他机构（联合国开

---

① 详见 2008 年 2 月 IASG 特别会议《关于联合国组织如何将宣言纳入其政策和计划的报告》。

发计划署①、世界保护联盟②和《生物多样性公约》缔约方大会③）都为确保原住民充分和有效的参与，制定了具体的政策和程序，并在自己的职权范围内对他们的权利予以充分的尊重。

尊重原住民的集体人权对他们的文化完整性和作为独特社会与文化的继续存在是至关重要的。《世界遗产公约》的基本目标是保护世界文化遗产，但令人惊讶的是世界遗产委员会并没有更加积极地在世界遗产地保障原住民的权利，也没有使原住民社区有效参与到该公约的执行中去。相反，它甚至限制着原住民为了更正式和有意义地参与与他们有关、对他们很重要的世界遗产地区的工作的努力。④因此，联合国大会敦促联合国教科文组织建立能够使原住民有效参与其中的机制，例如"在《世界遗产名录》中提名原住民遗址"（联合国大会，2005：第16段）。⑤

2005年，联合国教科文组织总干事松浦晃一郎指出，联合国教科文组织必须"通过改进社区磋商机制，安排原住民参与联合国教科文组织主管领域的项目来加强与原住民的伙伴关系"。他说："我们工作的核心内容将是……更深入地思考对原住民而言最重要的问题，即他们的自由、优先和知情同意，并将其

---

① 联合国开发计划署通过了一项基于国际人权法的原住民政策，其中明确指出：开发计划署"促进和支持原住民在可能影响他们发展的规划和方案编制中享有自由、优先和知情同意的权利"，"促进对原住民土地、资源权利的认同"，并"承认生活在不同地区的不同民族有发展和控制祖先遗留下的土地的自决权"（开发计划署，2001）。

② 世界保护联盟大会通过的一系列决议都支持《联合国原住民权力宣言》（当时为草案）中的原则及其他促进尊重原住民权利（包括原住民的自决权和对保护区内土地和资源的权利），并使其充分有效参与到保护和管理之中的文件。它呼吁成员"遵守宣言的精神"，支持世界原住民"国际十年"的目标。

③ 例如，在决定缔约方会议（COP）第VII/28号决议（2004）指出，"建立、管理和监测保护区时应当足够尊重原住民及其社区，并让他们充分且有效地参与其中"（第22段）。这要求缔约方确保"只有原住民社区事先知情同意，才能够进行任何由于建立或管理保护区而对他们的重新安置"（附件，目标2.2.5）。同样，第IX/18A（2008）号决议具体阐释了《联合国原住民权利宣言》（序言和第6a段）。后者决定进一步鼓励各国"确保在保护区内进行的环境保护和开发活动有助于消除贫困和可持续发展，并确保这些活动的所得利益能够公平分配"（第19段）。根据2002年《公约战略计划》的目标4.3可知，原住民社区"在区域、国家和国际各级都有效地参与了公约的实施进程"，并且决定缔约方会议建立了各种能够让原住民社区参与这些工作的机制。2002年，决定缔约方会议正式成立了国际原住民生物多样性论坛以执行咨询职能。

④ 详见关于2000年建立世界遗产原住民专家委员会作为委员会的咨询机构（WHIPCOE）对提案的讨论。提出这项建议是因为担心原住民"为了保护其适用于现在被指定为世界遗产地的祖传土地的整体知识、传统和文化价值，但缺乏参与制定和执行发展计划的法律和政策"（世界遗产委员会，2001a）。但委员会2001年并未批准成立WHIPCOE（世界遗产委员会，2001b）。

⑤ 联合国原住民问题常设论坛（PFII，2006）建议联合国教科文组织"和原住民建立伙伴关系，以便他们能够充分参与监督联合国教科文组织公约和其他与原住民有关的事项"，且应当"设立原住民专家咨询小组以提供咨询意见"。

运用于项目制定和执行中。"

2007年通过的《联合国原住民权利宣言》为世界遗产委员会审视其与原住民社区的接触状态提供了理由和机会，并为确保那些与保护世界遗产地对原住民实现和加强人权具有重要意义的相关活动建立了一套流程。这为生活在世界遗产地及周边地区的原住民社区维持与强化其制度、文化和传统的能力建立了相应的机制，并确保世界遗产地不会以牺牲原住民保持与发展非物质文化遗产、传统知识和文化表现形式的能力为代价。正如松浦晃一郎所强调的那样："保护世界文化遗产必定意味着保护所有形式的文化多样性。事实上，文化遗产是一个开放的概念，它唤起了人类普遍具有的创造力，它不仅包括宏伟的寺庙，还包括生活文化等。"（松浦晃一郎，2004）[①]

因此，世界遗产委员会应正式采纳和推动以人权为基础的方法来实现发展，同时应修订相应的操作指南。而对于原住民社区参与执行公约与所有对其有影响的活动，主要参照标准则是《联合国原住民权利宣言》与人权条约监督机构的结论性意见和一般性评论。根据联合国教科文组织制度，国际间文化合作应进一步尊重人权，显然，这同样也适用于实施《世界遗产公约》与保护世界遗产。

世界遗产委员会应保证所有有关《世界遗产名录》上与原住民遗址有关的提名文件、管理计划和定期报告等都是在相应原住民社区根据"自由、优先和知情同意"原则充分并有效参与的情况下编写的。在某处遗址被列入《世界遗产名录》以及进行相关开发项目实施前，应当依据相关的国际标准和最佳实践（best practices）[②]出具环境与社会影响评估（ESIAs）报告。[③]提名文件和定期报告应该包含实现原住民权利和实施人权战略的详细信息，包含为公平分配世界遗产所产生的利益而采取的措施。对于特定地点的人权指标，应该充分考虑当地原住民社区，衡量战略和方案的有效性，并监测发展项目的影响。原住民社区、政府机构、世界遗产地工作人员和利益相关者对于人权原则和基于人权的方法是敏感的，因此世界遗产委员会还应该重新考虑设立一个原住民专家委员会，

---

① 专家呼吁国家政权和国际组织参与保护文化遗产，"探索并支持对有形和无形遗产的保护策略与程序的调查，并始终如一地与有关社区和团体协调合作"（第12段）；联合国教科文组织还应"酌情在其方案和项目中通过和执行这些具有包容性和综合性的创想"（第13段）。

② ESIAs 在原住民方面最为全面和最常用的标准之一是自愿性准则。它将对于拟建可能影响圣地或传统上由原住民占据、使用的土地的开发利用项目进行文化、环境和社会方面的影响评估（在2004年的《生物多样性公约》缔约方大会上通过）。

③ 这些环境影响评估的目的不仅是要客观衡量对土地和人民可能造成的影响，还要确保当地居民意识到可能存在的风险，并做到了解和评判提议的发展方案。

为采取基于人权的方法提供咨询和协助,并使原住民能够有效地参与与他们有关的工作。在理论层面,对于具有本土文化价值的地区,世界遗产委员会应该思考原住民集体权利与完整性和真实性这些基本概念间的关系。

世界遗产项目具有较高的知名度和国际认可度,因此常常被称为联合国教科文组织的旗舰计划或全球保护战略与方法。教科文组织寻求保护和管理世界遗产地的举动"有助于社会凝聚力的提升,并使世界遗产地成为'可持续发展与协调的项目'",与此同时,联合国教科文组织强调可持续发展、人权与文化多样性之间密切的相互依存关系。因此,要确保尊重世界遗产地原住民的权利,并支持原住民社区根据自身的需要、速度、观念、愿景和利益来行使发展权。

参考文献:

1. Human Rights Council. 2007a. Report of the Special Rapporteur on the situation of human rights and fundamental freedoms of indigenous people, Rodolfo Stavenhagen. New York, United Nations. (Doc. A/ HRC/6/15.)

2. Human Rights Council. 2007b. Resolution 5/1. Institution-building of the United Nations Human Rights Council. New York, United Nations. (Doc. A/HRC/RES/5/1.)

3. IASG. 2007. Report of the Inter-Agency Support Group on Indigenous Issues. New York, United Nations, Inter-Agency Support Group on Indigenous Issues. (Doc. E/C.19/2007/2.)

4. Human Rights Council. 2008a. Report of the Inter-Agency Support Group on Indigenous Issues. New York, United Nations. (Doc. E/C.19/2008/6.)

5. Human Rights Council. 2008b. Special Meeting on United Nations Declaration on the Rights of Indigenous Peoples, Palais des Nations, Geneva, 26 and 27 February 2008. (Doc. E/C.19/2008/CRP.7.)

6. Lee, L.T. 1965. UNESCO: Some comments on purpose, program and administration. Duke Law Journal, Vol. 1965, No. 4, pp. 735-63.

7. Matsuura, K. 2002. Address at the closing ceremony of the International Congress "World Heritage 2002: Shared Legacy, Common Responsibility", Venice, Italy, 16 November 2002. Paris, UNESCO. (Doc. DG/2002/112.)

8. Matsuura, K. 2004. Address by Mr Koïchiro Matsuura on the occasion of the International Conference "The Safeguarding of Tangible and Intangible Cultural Heritage: Towards an Integrated Approach", Nara, Japan, 20 October 2004. Paris,

UNESCO. (Doc. DG/2004/141.)

9. Matsuura, K. 2005. Message from UNESCO's Director-General on the Occasion of International Day of the World's Indigenous People, 9 August 2005. Reprinted in the booklet UNESCO and Indigenous Peoples: Partnership to Promote Cultural Diversity. Paris, UNESCO. (Doc. CLT.2004/WS/5 REV, pp. 24-25.)

10. Matsuura, K. 2008. Message from Mr Koïchiro Matsuura, Director-General of UNESCO, on the occasion of the International Day of the World's Indigenous People, 9 August 2008. Paris, UNESCO. (Doc. DG/ME/ID/2008/011 REV.) OHCHR. 2001. United Nations Guide for Indigenous Peoples - Leaflet 10: Indigenous Peoples and the Environment. Geneva, Office of the High Commissioner for Human Rights.

11. Matsuura, K. 2006. Frequently asked questions on a human rights-based approach to development cooperation. Geneva, Office of the High Commissioner for Human Rights. (Doc. HR/PUB/06/8.)

12. PFII. 2005. Report of the international workshop on methodologies regarding free, prior and informed consent of indigenous peoples (New York, 17-19 January 2005). New York, United Nations Permanent Forum on Indigenous Issues. (Doc. E/C.19/2005/3.)

13. PFII. 2007. Report on the fifth session (15-26 May 2007). New York, United Nations Permanent Forum on Indigenous Issues (Doc. E/C.19/2006/11.) Tauli-Corpuz, V. 2008. The Concept of Indigenous Peoples' Self-Determined Development or Development with Identity and Culture: Challenges and Trajectories. Baguio City, the Philippines, Tebtebba. Paris, UNESCO. (Doc. CLT/CPD/CPO/2008/IPS/02).

14. Tebtebba. 2008. Consultation workshop and dialogue on indigenous peoples' self-determined development or development with identity, 14-17 March 2008, Tivoli, Italy. Indigenous Peoples' International Centre for Policy Research and Education. (Doc. E/C.19/2008/CRP.11.)

15. UNDP. 2001. UNDP and Indigenous Peoples: a Policy of Engagement. Paris, United Nations Development Programme. UNESCO. 2005. Approved Programme and Budget 2006- 2007. Paris, UNESCO. (Doc. 33 C/5.)

16. UNDP. 2006. Strategy on Human Rights. Paris, UNESCO. (Doc. SHS-2007/WS/15.)

17. UNDP. 2007. Resolution 34 C/Res.39 for Major Programme IV (Culture). Paris, UNESCO. (Doc. 34 C/5 Approved, pp. 127-32.)

18. UN General Assembly. 2005. Programme of Action for the Second International Decade of the World's Indigenous People. New York, United Nations. (Doc. A/60/270.)

19. UN General Assembly. 2007. Resolution 62/219. Report of the Human Rights Council. New York, United Nations. (Doc. A/ RES/62/219.)WCCD. 1996a. Our Creative Diversity: Report of the World Commission on Culture and Development (summary version). Paris, UNESCO.

20. UNESCO. 1996b. Our Creative Diversity: Report of the World Commission on Culture and Development (2nd revised edition). Paris, UNESCO. World Heritage Committee. 2001a. Progress report on the proposed World Heritage Indigenous Peoples Council of Experts (WHIPCOE). Paris, UNESCO. (WHC-2001/CONF.208/13.)

21. UNESCO. 2001b. World Heritage Committee, Twenty-fifth session, Helsinki, Finland, 11-16 December 2001 Report. Paris, UNESCO. (WHC-01/ CONF. 208/24.)

22. UNESCO. 2007. Decisions adopted at the 31st session of the World Heritage Committee (Christchurch, 2007). Paris, UNESCO. (WHC-07/31.COM/24.)

网络资源：

1. Matsuura, K. 2007. Message from Mr Koïchiro Matsuura, Director-General of UNESCO, on the occasion of the approval of the United Nations Declaration on the Rights of Indigenous Peoples by the UN General Assembly at its 62nd session. http://portal.unesco.org/en/ev.php-URL_ID=39604&URL_DO=DO_TOPIC&URL_SECTION=201.html (Accessed 30 July 2008.)

2. Poole, P. 2003. Cultural mapping and indigenous peoples: A report for UNESCO. http://portal.unesco.org/culture/en/files/17109/10787580083cultural_mapping_1.pdf/cultural_mapping_1.pdf (Accessed 30 July 2008.)

3. Titchen, S. 2002. Indigenous peoples and cultural and natural World Heritage sites. Presentation at the conference "Cultural Heritage and sacred sites: World Heritage from an indigenous perspective", New York, 15 May 2002. www.dialoguebetweennations.com/N2N/PFII/English/SarahTitchen.htm(Accessed 30 July 2008.)

4. UNDESA. 2008. Resource Kit on Indigenous Peoples' Issues. New York, UN Department of Economic and Social Affairs. http://www.un.org/esa/socdev/unpfii/documents/resource_kit_indigenous_2008.pdf (Accessed 20 March 2010.)

5. UNDG. 2008. Guidelines on Indigenous Peoples' Issues. New York, United Nations Development Group. http://www.undg.org/index.cfm?P=270 (Accessed 20 March2010.)

6. UNESCO. 2005. E-Governance Capacity Building: Good Governance. http://portal.unesco.org/ci/en/ev.php-URL_ID=5205&URL_DO=DO_TOPIC&URL_SECTION=201.html (Accessed 30 July 2008.)

7. UN News Centre. 2008. UN expert marks first anniversary of landmark declaration on indigenous peoples. News story, 13 September. http://www.un.org/apps/news/story.asp?NewsID=28042&Cr=Indigenous&Cr1 (Accessed 15 September 2008.)

第三章　遗产地管理中的合作伙伴：一个新的视角
——遗产与社区参与

梅希蒂尔德·罗斯勒（Mechtild Rössler）

简介

《世界遗产公约》（1972）已成为世界各国认可的文物保护法律文件，它经由 186 个国家批准，涵盖了 890 个受该机制保护的遗产地。虽然人们只是生活在世界遗产地周围，但他们在遗产的处理流程和管理方面的作用已经发生了很大变化。本章介绍 20 世纪 90 年代以来世界遗产概念和方法的重大转变，并在《世界遗产公约》下为"战略目标"部分中增加了"共同体"的概念。尽管社区参与和利益相关者参与似乎是当今遗产管理的主要方法，但 10 年或 20 年前的情况并非如此。

正如《世界遗产公约》第 4 条定义的那样，该公约的主要原则之一是保护人类的共同遗产并"传给子孙后代"。第 5 条要求缔约国采取"有效和积极的措施"，特别是要"采取旨在使遗产在社区生活中发挥作用的总体方针政策"。《世界遗产公约》是在 1992 年里约热内卢全球环境首脑会议的系列文件颁布之前就出现的保护文件之一，它包含了共同财产的概念，并将人与地方联系起来。然而，最初 10 年的实践工作（Rössler, 2005, 2007）与《世界遗产公约》原则并不完全相同，因为大多数世界遗产提名是由中央机构和部委编制、处理的，它们在没有与当地社区和利益相关者进行磋商的情况下就被列入了《世界遗产名录》。

一、一个新的视角：遗产地管理中的合作伙伴

1992 年世界遗产委员会通过世界遗产文化景观类别时，《世界遗产公约操作指南》（全书简称《操作指南》）的一个段落提出了一个重大问题：第 14 段目

的是防止社区在提名过程中被不必要的宣传,而不是唤起获得世界遗产地位的不切实际的希望。1992 年参加在法国小皮埃尔举行的文化景观会议的专家及 1993 年参加在德国塑夫海德举行会议的专家认为,当地社区在文化景观和其他地点的提名过程中不仅发挥作用,而且至关重要,因为这些社区实际上是土地的实际管理者。这些思考标志着《世界遗产公约》的发展进入了一个转折点:从不涉及当地人民提名遗产地的政策,转向相反的方向,将他们视为遗产地管理的合作伙伴。如今,从"试验名单"到参与提名和监督工作,当地居民越来越多地被视为遗产管理全过程中的关键利益相关者。这使得《世界遗产公约》的实施和履行产生了重大变化,因此世界遗产委员会于 1995 年对《操作指南》进行了必要的修改。

世界遗产委员会第十九次会议报告员的报告摘录
(柏林,1995 年,WHC-95/CONF.203/16)

A.1 当地居民在提名过程中的作用(第 14 段)

根据主席团的建议,委员会通过了下列修订案文,以取代现有的第 14 段:

14. 当地居民参与提名的过程对于使他们感到与缔约国共同负责维护该遗产地至关重要。

摘自《操作指南》(1992 年,见 http://whc.unesco.org/archive/opguide92.pdf)。

修订后:14. 在所有情况下,为保持评价过程的客观性,避免使有关人员感到尴尬,在委员会就有关问题做出最后决定之前,缔约国应避免过分宣传该遗产已被提名的事实。

从 1992 年到 2005 年,当《操作指南》首次使用"世界遗产合作伙伴"这一术语时,出现了许多变化。回顾 1992 年以来世界遗产文化景观的演变,反映了具有平衡性和代表性的 1994 年《世界遗产名录》中全球战略的转折点和关键阶段,自然遗产管理模式从"无人公园"转变为 2003 年世界公园大会(南非,德班)上特别写入文件的"景观中的联系"。与此同时,世界遗产战略的基本原则也从保护区的严格保护向可持续发展演变。

在世界遗产"4C 策略"中引入第五个"C",即"社区",这是在国家层面和国际话语中出现新思维逻辑的结果。事实上早应如此,因为在过去的几个世纪中,许多世界遗产地都得到了社区的有效管理。世界遗产委员会越来越认识到由当地社区和原住民管理遗产地的重要性,有些遗产地现在已正式进行联合管理，或者将当地人列入管理系统。

其中一个案例是位于肯尼亚沿海、由 11 处林地组成、绵延 200 多公里的卡亚森林，之所以会有这处遗产地的存在，是因为社区在保护这些森林。在 2008 年 7 月被《世界遗产名录》收录之前的很短时间里，国家立法机构才开始关注这处遗产地。神圣的米吉肯达卡亚森林包含众多具有防御性质的村庄，即米吉肯达人的"卡亚"。这种名为卡亚的村庄创建于 16 世纪，在 20 世纪中期被遗弃，它们被视为祖先的地方，并作为圣地由长老议会管理。世界遗产委员会于 2008 年 7 月通过了以下表现其突出普遍价值的声明：

> 在肯尼亚沿海长约 200 公里的地方分布着 11 个独立的森林，它们大部分在低矮的山丘上，面积从 30 公顷到 300 公顷不等，其中有米吉肯达人的防御性村庄"卡亚"，它们代表了 30 多个得以留存的卡亚。卡亚在 20 世纪初不再使用，现在被尊为米吉肯达人精神信仰的宝库，被视为祖先的神圣居所。
>
> 卡亚周围的森林由米吉肯达社区维护，以保护神圣的墓地和林地，是曾经广阔的沿海低地森林中唯一的遗迹。
>
> 标准（iii）：卡亚为米吉肯达社区的宗教信仰和实践提供的信仰中心，被视作米吉肯达人祖先的家园，被公认为神圣的地方，它们对米吉肯达人有着重要的意义，既是米吉肯达人"在世"的根本来源，也是当代肯尼亚文化景观中的一个重要来源，被看作米吉肯达人重要的身份特征。
>
> 标准（v）：卡亚作为定居地的功能已经被废弃，其功能已经从米吉肯达地区的地域景观转变为其精神领域。
>
> 作为这一过程的一部分，卡亚对获取和利用天然森林资源进行了某些限制，卡亚和周围森林的生物多样性得到了持续，由于传统知识的减少和对实践的尊重，卡亚受到了来自外部和米吉肯达社会内部的双重威胁。
>
> 标准（vi）：卡亚现在是米吉肯达人精神信仰的宝库，被视为他们祖先的神圣居所，作为广泛分布的众多遗址的一个集合，卡亚与地方信仰和有国家意义的信仰联系在一起，并且具有更大的区域意义，因为这些遗产地已经超越了肯尼亚的边界。
>
> 卡亚展示了真实性，但其与民族传统活动相关的真实性是非常脆弱的，卡亚的完整性关系到其森林环境的完整性。
>
> 管理人员需要尊重个别卡亚的需要，并将自然、文化资源的保护与传统、非传统的管理方法结合起来，建立卡亚长老的权威（WHC-32.COM/24）。

该声明清楚地表明了自 1992 年决定将文化景观纳入《世界遗产名录》以及 1995 年对《操作指南》进行修改，即将当地人纳入提名程序之后的漫长演变，反映了生活社区对习惯法和传统管理实践的基本认识。

二、通过当地社区评估遗产价值

在确定这些遗产的过程中，至关重要的是明确评估这些遗产地的价值。例如，南非遗产资源局为编制管理计划提供了具体的指导方针。除了历史价值、科学价值和审美价值以外，还包括文化和社会价值的确定，"一个遗产地的文化意义或价值是它所承载的社区或社区各阶层的文化价值"。

《布拉宪章》摘录（国际古迹遗址理事会，澳大利亚，1999）
第十二条　参与
对地方的保护、解释和管理，应准许与该地方具有特殊联系和该地方对其有特殊意义的人或对该地具有社会、精神或其他文化责任的人参加。

无论是国家名册、试验名单还是世界遗产提名，确定遗产地的文化意义都需要仔细评估遗产地的不同价值。除了科学研究与对历史记录和对文物的审查之外，通常需要利益相关者开会讨论并制定文化蓝图。作为附录纳入《操作指南》的《威尼斯宪章》（1994 年）、《奈良真实性文件》（2005 年），以及《布拉宪章》等都为文化价值评估提供了指导。

与其他名册（如国家名册）或登记程序相比，世界遗产评估的程序是完全不同的。世界遗产委员会所承认的地方价值观念与普遍价值之间有着密切的相互作用。这也是一个回到当地社区的持续的反馈过程，在这个过程中可以让他们感受到他们的遗产被全球社区所承认。这是 2003 年关于地方和世界价值观的阿姆斯特丹会议的重点。

2007 年，在芬兰克瓦尔肯群岛（瑞典高海岸和芬兰克瓦尔肯地区跨境世界遗产的一部分）的铭文仪式中，当地社区不仅准备了世界遗产歌曲 The Bothnian Bay，还准备了具有突出普遍价值的当地戏剧剧目。标准（viii）认为，在最后一次冰期期间人们意识到地质隆起的整个过程，因为这是他们生活的一部分：在他们有生之年，他们的家园向上移动，他们的房屋离开了大海。这种基于科学理解的地质过程包含一种全球价值，并确定了当地人民在他们的故事和生活中共同享有的独特价值。

三、社区和管理

世界遗产委员会还决定修改第 14 段，这对原住民和当地社区参与遗址管理是至关重要的。它认可了"缔约国之间在遗产地保护中的共同责任"（世界遗产委员会，第 18 次会议，1994 年）。如今这段话得到了进一步扩展，并说明了遗产地管理正在向由合作伙伴共同管理的方向迈进：

> 鼓励《世界遗产公约》缔约国确保包括遗产地管理人员、地方及区域政府部门、当地社区、非政府组织和其他有关方面与合作伙伴在内的广大利益相关者参与鉴定、提名和保护世界遗产（世界卫生大会，《操作指南》，2008：第 12 段）。

随着第一批文化景观的提名，社区参与问题在评价和题词中越来越受到重视。管理实践也发生了变化，在乌鲁鲁—卡塔丘塔国家公园（澳大利亚）中，作为文化景观的遗产地再提名改变了其原有的管理计划，原住民土地的所有者现在是遗产地管理者的一部分，他们将故事讲述给文化资源中心的旅游者，该中心是在承认遗址是一个有生命的、可联想的文化景观的基础上设立的。世界遗产网站的网页介绍："我们是乌鲁鲁—卡塔丘塔国家公园的土地所有者，是在 Tjukurpa（创造时间）期间创造我们土地的人的直系后代，我们一直在这里，我们称自己为阿南古（Anangu），并希望你也这样称呼我们。"

Pukulngalya Yanama，Ananguku Ngurakutu（Yankunytjatjara 的欢迎问候），Pukulpa Pitjama，Ananguku Ngurakutu（Pitjantjatjara 的欢迎问候）——"这是原住民的土地，欢迎你的到来；环顾四周，学习并了解原住民，强大而富有生命力的原住民文化"（Nellie Patterson，传统的所有者）。乌鲁鲁—卡塔丘塔国家公园不仅是一个连接自然和文化价值的融合性的世界遗产，还是"活的文化景观……是澳大利亚的身体和隐喻的心，是第一个被确定为国家景观的地区"（参见澳大利亚政府网站）。

尽管许多自然遗产地是无人居住的，但当地及周围的人们会开发利用这些地方，例如苏里南中部自然保护区周围的原住民群体，他们沿着河流旅行，并通过文化地图（Bwindi imable）展示它们的用途；再比如布温迪国家公园，在那里世界自然基金会的项目揭示了当地社区使用非木材森林产品的情况。2008 年 3 月在瑞士达沃斯举行的关于缓冲区和世界遗产问题的全球专家会议特别指出，世界遗产地周围的地区应为当地社区提供福利。

四、可持续利用与管理

可持续利用的概念还有另一个重大转变,即 1992 年首次提出将文化景观作为可持续土地利用。这一概念受到 1992 年里约热内卢全球环境首脑会议的直接影响,并认可当地社区可持续的土地利用对保护生物多样性,特别是农业多样性的重要贡献。2005 年,《操作指南》中加入了关于可持续发展的相关内容,这再次反映了世界遗产界和世界遗产委员会会议经常讨论的内容。随着时间的推移,世界遗产可持续旅游方案解决了许多项目中有关于可持续利用的问题。

将当地居民纳入遗产管理工作有着更广泛的背景,包括联合国原住民论坛的讨论。2007 年 5 月 14 日至 25 日在联合国总部举行的联合国原住民问题常设论坛第六次会议首次侧重于"领土、土地和自然资源"这个主题。来自世界各地的 1000 多名原住民与政府代表和包括联合国教科文组织及民间团体在内的联合国机构共同讨论了涉及遗产问题在内的广泛议题。另一个全球背景是世界自然保护联盟下属世界保护区委员会(WCPA)的主要工作,该委员会通过其网络推广共同管理方法,以更好地在遗产地保护及开发先进的保护措施方面取得进展。随着时间的推移,有一点共识已经十分明确,即人们要在保证未来发展和采用最佳保护措施的前提下,从保护区和文化遗产中获益。

五、结论

随着时间的推移,《世界遗产公约》的实施及其解释已经发生了很大变化,从严格的自然保护区和单一纪念碑式的保护向真正的人类共享遗产的范式转变,这个过程得益于当地社区和原住民的参与。

由于《世界遗产公约》是缔约国批准的国际法律文件,这一转变并不容易实现,提名不能由社区处理,只能由政府部门提交。然而,各国逐渐认识到,人类的共同遗产在过去几个世纪一直被当地人细心保护,是他们在真正地保护着和管理着自然和文化遗产,这为认识社区在遗产保护中的作用提供了新的视角。这也反映出《世界遗产公约》的相关文件在逐渐改变,例如《操作指南》、标准制定的指导(比如《布拉宪章》),以及社区参与世界遗产地的最佳实践(比如澳大利亚的乌鲁鲁—卡塔丘塔国家公园、肯尼亚的卡亚森林或芬兰的克瓦尔肯群岛)。

世界遗产地的突出普遍价值建立在当地的价值观、经验以及最重要的保护工作的基础上,世界遗产不仅是全球遗产保护工作的成功故事,也是当地居民和社区的成功故事，是他们使遗产全球化成为可能。

参考文献：

1. Bouamrane, M. (ed.). 2006. Biodiversity and Stakeholders. Concertation Itineraries. Biosphere Reserves. Paris, UNESCO. (Technical Notes I.)

2. Bouamrane, M. 2007. Dialogue in Biosphere Reserves. References, Practices and Experiences. Paris, UNESCO. (Technical Notes 2.)

3. Phillips, A. 2002. Management Guidelines for IUCN Category V Protected Area. Protected Landscapes/ Seascapes. Gland, Switzerland, IUCN. (WCPA Best Practice Protected Area Guidelines Series No.9.)

4. Rössler, M. and Mitchell, N. 2005. Landscape linkages without boundaries? In: World Heritage at the Vth IUCN World Parks Congress. Durban, South Africa, 8-17 September 2003. Paris, UNESCO World Heritage Centre, pp. 23-26. (World Heritage Reports 16.)

5. UNESCO. 1972. Convention concerning the Protection of the World Cultural and Natural Heritage. Adopted by the General Conference at its seventeenth session, Paris, 16 November 1972.

6. UNESCO. 2002. Revised editions 2005, 2008. Operational Guidelines for the Implementation of the World Heritage Convention. (online version only at whc.unesco.org).

7. Von Droste, B., Plachter, H. and Rössler, M. (eds). 1995. Cultural Landscapes of Universal Value. Components of a Global Strategy. Jena, Germany, Gustav Fischer.

8. Von Droste, B., Rössler, M. and Titchen, S. (eds). 1999. Linking Nature and Culture. Report of the Global Strategy Natural and Cultural Heritage Expert Meeting, 25 to 29 March 1998, Amsterdam, the Netherlands. Paris/The Hague, UNESCO/Ministry for Foreign Affairs/ Ministry for Education, Science, and Culture.

9. World Heritage Papers 13. Linking Universal and Local Values: Managing a Sustainable Future for World Heritage. Proceedings of a conference organized by the Netherlands National Commission for UNESCO, 22-24 May 2003.

网络资源：

1. Australian Government. n.d. Department of the Environment, Water, Heritage and the Arts. http://www. environment.gov.au/heritage/places/world/uluru/index. html.

2. ICOMOS Australia. 1999. Burra Charter. Burwood VIC, Australia ICOMOS. http://www.icomos.org/australia/ burra.html.

3. Kvarken Archipelago. n.d. http://www.kvarken.fi/WebRoot/548189/Defaultpage.aspx?id=1008331.

4. South African Heritage Resources Agency. n.d. http://www.sahra.org.za/Guidelines%20for%20Site%20 Management%20Plans.pdf.

5. UNESCO. 2004. Proceedings of the International Conference on the Safeguarding of Tangible and Intangible Cultural Heritage: Towards an Integrated Approach, Nara, Japan, 20-23 October 2004. Paris, UNESCO. http://unesdoc.unesco.org/ images/0014/001470/147097M.pdf.

6. UNESCO. 2006. Conserving Cultural and Biological Diversity: The Role of Sacred Natural Sites and Cultural Landscapes. Proceedings of the International Symposium, Tokyo, 30 May to 2 June 2005. Paris, UNESCO. http://unesdoc.unesco.org/images/0014/001478/147863e.pdf.

第四章 世界遗产的视角：面向未来的"5C"策略

玛丽-泰勒斯·艾伯特（Marie-Theres Albert）

简介

自 2002 年通过《布达佩斯宣言》以来，世界遗产委员会已经实施了一项承认 1972 年《世界遗产公约》普遍性的新全球战略（WHC，2005a）。遗产作为通过对话和相互理解促进社会可持续发展的工具，其多样性正在得到推动。尽管《布达佩斯宣言》包含了如何通过世界遗产提名实现多样性、可持续发展和相互理解的措施，但这一新战略的实施并不成功。

这一点很明显，例如，迄今为止，一些拥有大量相似类型遗产地的国家仍在继续提名遗产地，截至本书英文版印刷，有 911 个遗产地存在争议，在这种情况下如何实现多样性？此外，如果所有提名地中有 60%以上属于工业化国家，可持续发展应该如何实现，尤其是在发展中国家如何实现？或者，如果没有采用非常正式和通用的突出普遍价值的概念，往往会出现违背当地或地区人民的利益来定义一个遗址的价值的现象，如果这样，又如何才能做到相互理解呢？目前，对制定的目标和采取的行动进行一个关键的评估似乎是必要的，这也是本章要讨论的内容。

《布达佩斯宣言》并非一切都不好。在批准 1972 年《世界遗产公约》的 187个缔约国时，由于意识到发达国家与发展中国家在提名、保存和保护世界遗产方面所具备的潜力以及局限性存在巨大差异，布达佩斯会议制定了"4C"策略（WHC，2005：6）。2007 年，在新西兰召开的第 31 届世界遗产大会评估了这些目标的实现情况，并增加了第五个策略，对于世界遗产面临的全球性挑战，决定在几年内就战略目标达成共识，以加强社区参与。此次会议的观点是，在可能的情况下，遗产的确定、管理和成功保护必须在人类社区有意义的参与下进行，并在必要时协调相互冲突的利益，不应该违背当地社区的利益，或者排斥、遗漏当地社区的参与（WHC，2007）。

通过对"社区参与"的理解和解读，这个目标成了世界遗产未来的一个关键概念。与其他四个目标一起，"社区参与"旨在最大限度地减少因利益相关者的利益不同所引起的问题，并支持社区的发展。正因为如此，我们从第五个"C"——社区参与（Community Involvement）开始。

一、社区参与

回顾《世界遗产公约》30多年的实施情况，我们可以看到，在世界遗产保护进程中涉及地区、国家或国际利益和不同利益相关者的义务时，总是会出现重大冲突。关于这类冲突的典型案例是德国的德累斯顿易北河谷（Dresden Elbe Valley）。在德国德累斯顿易北河流域，一项在易北河上建造一座桥的计划影响了易北河的世界遗产地位，导致世界遗产委员会从《世界遗产名录》中删除该山谷地区。这个地区和其他任何存在或不存在问题的地区的情况是：遗产地是通过多个团体的合作而创建的，地区的保护和使用不可避免地涉及许多利益相关者，不同的利益相关者追求不同的利益，当不同的人或利益团体相遇时，冲突是不可避免的。

在世界遗产的背景下，所有利益相关者之间，即地方行动者、顾问、各自的社区和政府之间通常会在不同的层面上产生冲突。例如，当地社区往往被迫启动一个提名程序以回应政府的决定。许多缔约国仍然希望通过不断提名世界遗产地来增加其国际声誉。然而，国家政府也有可能对提名遗产地不感兴趣，但当地社区却很感兴趣，因为他们希望增加访问该地的游客数量。而决策过程中存在一个问题：这两种利益通常都是通过专家调查来判定的。

除了有意提名世界遗产地的地方或国家团体的具体利益之外，提名程序的长期活动一般从满足社区当地的政治利益和掌握足够的地方社区知识开始，到世界遗产委员会成功提名结束。因此，每个提名过程都需要从一开始就把社区参与作为一个明确的概念，同时也要求有明确的沟通策略和充分的保护知识，社区必须为整个提名程序提供足够的技术和人力资源。因此，第二个目标"保护（Conservation）"、第三个目标"能力建设（Capacity-building）"和第四个目标"沟通（Communication）"是第五个目标"社区参与（Community Involvement）"的组成部分。

"社区参与"不仅在提名过程中需要，在不同利益相关者产生利益冲突时也需要，因为冲突经常发生。本章涉及的利益相关者是一个整体，包括不同层次、不同背景的个人、机构和组织。例如，利益相关者经常居住在世界遗产地，他们可能会觉得日常生活空间被许多来访的游客侵占。然而,从另一个方面来讲,利益相关者同时也是商人,他们以接待游客为生,他们的业务经营范围受到法律和古迹保护条例的限制。这样的冲突例子不胜枚举,世界遗产委员会通过制定社区参与的目标,希望从一开始就能了解和解决利益冲突。

然而,让利益相关者参与进来的这个目标,世界遗产委员会2007年在新西兰就制定过,并不是新鲜事物。20世纪80年代,以区域发展为重点的参与方式出现了,从那时候开始,利益相关者的参与就被视为确保结构薄弱地区的社会经济和政治文化均衡发展的最有效的策略(Harrison,1980)。此外社区参与也被用于发展政策。这可以追溯到拉丁美洲发展出来的"依赖"(Dependencia)的方法和理论(Frank,1969),拉丁美洲的"依赖"可以被定义为"解决不发达问题的思路"。这些方法的主要策略是削减世界市场的经济主导地位,以实现当地居民的地方发展。今天,这些方法已经转化为各级教育和能力建设的战略,同时作为联合国教科文组织的战略目标,也可以很容易地用于执行能力建设(Schimpf-Herken and Jung,2002)。

即使在今天,我们也采用了20世纪80年代和90年代制定的以社区参与为基础的规划方法,例如面向目标的项目规划策略、项目周期管理或逻辑框架方法。在联合国教科文组织内部,这些想法已经在佩雷斯·德奎利亚尔(WCCD,1996)编辑的《世界文化和发展委员会报告》的"创造性多样性"部分进行了讨论。该报告认为,世界遗产地的提名和实施可以从社会、文化、政治和经济发展的角度来考量,这个过程应该涉及各种利益相关者,因此启动发展进程成为世界遗产委员会新战略的一个组成部分,这是非常合乎逻辑的。

我们目前面临的挑战,不仅是由当地社区不参与提名和保护的过程造成的,还有其他各种原因。由于文化和经济发展利益之间的差距,即使利益相关者参与其中也无法解决。它们也可能是由于联合国教科文组织提出的具有突出普遍价值的标准及世界遗产地的真实性和完整性原则与当地人民所认为的遗产有着太大的差异而造成的。当地社区居民及专家,如行政或私人合伙人、商界人士、顾问,往往不知道以前提到的类别是什么,如果他们知道的话,需要把这些知识变为他们自己对遗产的看法。这是一个需要沟通传达的过程,但通常情况下这个过程不会发生。

对于生活在德国的德国人或其他国民,德累斯顿易北河谷是一个明显的例子,它曾列入《世界遗产名录》,然后在2009年被删除,德累斯顿人怎么知道他们对这座桥的选票会损害当地景观的完整性呢?他们甚至不知道完整性是定义"突出普遍价值"的重要范畴,只有当世界遗产景观被列入濒危名录中,他们才能充分了解和参与。在此之前，尽管进行了一项旨在了解人们对建造桥梁计划的意见调查，但这种传统的完整性价值对他们来说是陌生的。最终调查表明，大多数人赞成建桥。

这中间出现的许多问题都涉及保护与世界遗产的潜在用途之间的矛盾，因为不同的利益相关者对该遗址的价值有不同的看法。冲突的一方代表只把这些遗址视为一种文化产品，另一方代表则把它们视为一种单纯的商品或一种等待出售的产品。在第一种情况下，在集体文化认同的社会责任范围内文化产品将得到保护和恢复；在第二种情况下，作为商品的遗产也可以很好地得到保存和恢复，而这是为了更好地销售，例如作为旅游商品销售（Albert，2006；Albert and Gauer-Lietz，2006）。

根据遗产的定义，遗产的目标是将物质和非物质的事物从当代传向下一代。从这个角度来看，社区参与成为遗产的组成部分。遗产代表了人类的历史、现实与未来。到目前为止，遗产是通过利益相关者构建的，这也就意味着，其中包含着不同利益主体对于遗产的不同认知。为了防止和缓和利益相关者之间的冲突，找到解决问题的办法，必须同时完成两件事：首先，利益相关者必须负责任地、充分地了解情况，并从一开始就参与提名过程；其次，与其他战略目标中的利益相关者进行充分沟通。在《世界遗产硕士项目工作手册》中，作者总结了这些相互关系的目的："要么站在一起，要么整体失败。"（University of Turin，2008）

二、信用

"增强《世界遗产名录》的可信度，因为它是突出普遍价值的文化和自然属性的代表以及地理平衡的见证物。"（WHC，2005a）。该一战略的主要目标是形成比现有版本更具平衡性的《世界遗产名录》，并以此获得更多的国际认可。这也意味着当前的遗产地存在着地理、类型和内容的不平等。自1978年开始提名世界遗产起，由于欧洲占据提名的主导地位，这种不平等现象便已存在。欧洲遗产主要由文化遗产组成，而文化遗产地与自然遗产地之间存在着最明显的不平衡。

目前列入《世界遗产名录》的911个遗产地中（截止到2008年），有704个文化遗址和180个自然遗址。在这911个遗产地中，有60%以上在欧洲国家和美国。另一种统计方法显示，2007年有4个国家占了世界遗产地总数的20%，它们分别是：中国37个，其中26个是文化遗产，4个是自然文化双遗产，7个是自然遗产；德国33个，包括32个文化遗产和1个自然遗产；意大利43

个，包括42个文化遗产和1个自然遗产；西班牙40个，包括35个文化遗产、2个自然文化双遗产、3个自然遗产（WHC，2008）。

根据突出普遍价值的类别，世界各地文化和自然遗产地的不平衡分布反映了地理位置上的不平等。在名单上的704个文化遗址中，最多的是古迹和历史建筑。2005年，近350个建筑被提名为古迹或历史建筑物。它们当中近200个位于欧洲和北美（WHC，2007）。而且，在全球将近190个世界遗产城市中，约100个位于欧洲和北美（WHC，2007）。然而，岩石艺术方面只有约30个提名作品，考古场所仅有约170个代表（ICOMOS，2005）。尽管世界各地考古遗址的分布相对平衡，但欧洲的地位仍然保持不变，因为纪念碑和建筑群都位于人口密集的欧洲，而岩石艺术或自然遗产遗址则位于其他地区，例如非洲、澳大利亚或拉丁美洲（所有数据来自WHC，2007）。

为了达到理想的平衡，第30届世界遗产大会于2006年决定在维尔纽斯采取一套新的管理措施。其中包括：

- 新铭文的年度数量限制；
- 鼓励缔约国提名自然遗产；
- 提名某地为两个或更多的国家文化景观的战略；
- 特别要优先提名代表性不足的遗产类型的遗产地（WHC，2007）。

尽管采取了这些措施，但不可否认的是西方工业化世界的遗产在名单中仍然占主导地位。这是由多方面原因导致的，其中一个原因可能是世界遗产的整体概念是以欧洲的认知为中心的。

以欧洲为中心的例子之一便是提名程序的复杂性，它对人力资源的质量和数量有较高要求，拥有这种人力资源能力的地区集中在欧洲和北美，而这在世界范围内是无法达到的。尽管这是能力建设的战略目标，但这个问题并不能在短期内解决。实现的唯一有效方式是减少贫困，这更多的是社会经济问题而非文化问题。

这种不平等传播的另一个原因是世界遗产保护战略的指导方针，这再次证明世界经济权力的不平衡分配。根据世界遗产标准，发展中国家只有通过巨大的财政努力才能达到世界遗产标准要求的遗址保护和保存水平，这往往难以实现。这意味着在发展中国家和发达国家平衡清单上的内容，需要做的不止"5C"。显然它需要一个平衡的发展政策，包括形势导向的战略和实施这些战略的工具，也需要提高对所有相关国家（发达国家和发展中国家）情况的认识。

为了解决这些问题制定了"保护计划伙伴关系倡议（PACT）"方案，有针对性地提出了以下理念：

- 促进利益相关者之间的对话、交流和互动；
- 提高对世界遗产的认识；
- 调动可持续资源进行长期保护；
- 不同机构、组织和公司之间的国际合作系统（WHC，2005b，2007）。

尽管在短时间内建立了新的战略联盟，但是发展中国家在提名阶段既不能培养出所需的能力，也不能习得所需的专门知识，同时也不可能具备实施恰当的保护战略的经济潜力。但这都是世界遗产保护不可或缺的。

迄今为止，提高世界遗产解决方案的可信度，以解决发展中国家缺乏权利和能力的尝试仍然需要更多的反思。在短期内，遗产提名和恢复的标准都必须适应当地情况。这需要注意从当地角度确定那些值得保护的地点，使具有突出普遍价值的类别适应发展中国家的可能性和局限性，从而改变整个范式；还需要注意当地居民的动员、教育和能力建设工作，这说明第 5 个"C"和前 4 个"C"是紧密联系的。

然而，整个《世界遗产名录》要实现文化和自然遗产在地理、类型上的公平分布，只能通过精简整个系统来实现。我认为，名单上有 20 多处遗产的国家不应该在某个确定的时期内再提名更多的遗产，应该支持那些有杰出遗产地但缺乏提名进程资源的国家，帮助其完成提名。如果采取这样的措施，经常被提名遗产的这些国家（神圣的建筑物和古迹、历史悠久的古镇或其中一部分，多属于Ⅲ和Ⅳ类型的遗产）的支配地位会自动下降。这将使自然遗产遗址数量自动调整，保持世界遗产清单上的多样性。

三、保护

2002 年在布达佩斯会议上通过的另一项战略目标是保护。在《布达佩斯宣言》中确定的目标是"确保对世界遗产的有效保护"（WHC，2005a）。如何理解有效性以及应该如何实施保护方略在本战略目标的定义中并没有明确阐释，然而在过去的经验背景下，可持续性需要特别考虑，以可持续性为目标的保护应该使用经过验证的技术，并以应用为导向，适应当地条件（ICCROM，2005）。许多案例表明，保护遗产或保护文化和自然遗产始终是一个富含政治性和参与性的进程，需要一个多样化的专家机构。因此，只有在跨学科合作的情况下才能保护遗产。在这方面，它具有与"5C"策略相同的要求。

跨学科合作需要沟通和参与，以确定面对具体的遗产保护和保存挑战所需的知识和技能，可以在当地基础上提供专门的知识并采取当地的保护战略。举一个非常著名的例子：澳大利亚原住民有用火来管理景观的传统。卡卡杜国家公园管理委员会（卡卡杜国家公园管理委员会，2006）没有这种刀耕火种的知识，卡卡杜国家公园也无法长期和持续地得到保护。尽管如此，从全球气候变化的角度来看，我们不禁要考虑这种传统知识是否仍然可以负责任地使用，而适应性保护意味着在这方面加入传统和现代知识，并为了全球社会的利益进一步发展。

世界遗产保护战略除了积极方面之外，也有不太尽如人意的发展情况。第一个例子是德国中部的奎德林堡老城，它代表了大部分被列入《世界遗产名录》的历史名城的典型情况。奎德林堡于1994年因符合标准（iv）被列入名录，在总体规划中，详细阐述了留存和保护该遗产地的措施框架。由于该地的世界遗产地位，所有保护措施都必须考虑保护标准。采取保护措施花费昂贵，再加上按照联合国教科文组织的标准恢复的房屋的质量不符合私人投资者的期望，导致其难以吸引私人投资者。因此，市中心的居民人数从2002年的76812人减少到2020年的60934人。在这种情况下，城市不仅只能依靠较少的税收进行未来的发展，同时也失去了对旅游者的吸引力。

许多被提名为历史遗产的城市也遇到了同样的情况，因为住房不符合大多数人所期望的现代要求，居民逐渐远离城市中心。根据世界遗产保护标准进行装修的房屋要么不再有吸引力，要么太贵，总之最终导致居民搬走，历史悠久的市中心丧失了其重要的功能。因此，许多历史悠久的城镇中心经历功能的变化并不奇怪。"原住民居住（Inhabited）"的世界遗产城市被游客转为游览或被"入侵"的城市，最显著的例子是威尼斯的世界遗产及其潟湖。世界遗产地将城市的文化资产变成了一种商品，由旅游经营者以低廉的价格开发出来，每年都有数十万游客到访这个城市。一个历史悠久的小镇，原本只有几百名居民，他们要如何接待每年的10万名游客呢？置之不理是他们给出的答案，在这个意义上，它就像是被改造成了一座迪士尼乐园。

无数的例子说明，第三个"C"——保护，还远未达到预期的目标。为了更加详细地解释这个战略目标，世界遗产保护需要意识到文化资产的适宜性，兼容博物馆性和现代性的矛盾，这些考虑必须在可能的情况下作为对"保护战略目标"的补充。只有考虑到这些问题，才能有适当的世界遗产保护战略出现。

四、能力建设

能力建设是战略目标之一。根据《布达佩斯宣言》，能力建设旨在"促进发展有效的能力建设的措施，包括协助编制《世界遗产名录》的遗产提名，理解并执行《世界遗产公约》及相关文书"（WHC，2005a）。联合国开发计划署认识到，能力建设是所有利益相关方（各部委、地方当局、非政府组织和水源组织、专业协会、学术界和其他机构）参与的长期的持续的过程（全球发展研究中心，2008）。

以利益相关者参与为目标，能力建设和沟通不仅是为了改进《世界遗产公约》（WHC，2007），还是为了实现联合国教科文组织的总体目标，即维护世界和平。除了《世界遗产公约》之外，国际社区还制定了其他法律文书，如《保护和促进文化表现形式多样性公约》（德国教科文组织，2007）。

世界和平是建立在对文化多样性达成共识的基础上的，我们应提高对这个问题的认识。文化多样性的存在也是基于人们对人类遗产的认识，认为它是创造身份的源泉，这就是为什么人类遗产要尽可能向全世界人民开放，并将其作为一种持久的资源。为了能够解释这个战略目标，我们需要认识到，能力建设包括对不同层次和不同目标群体的教育，教育还需要考虑历史、哲学和政治教育环境。因此，能力建设是一个相当复杂的，且需要在短期内成功实施的目标。

我们需要在三个层面进行教育和能力建设的培训计划：

在第一层面上，教育和能力建设主要涉及世界遗产研究总体以及遗产管理和保护战略中面向未来的方法（Albert et al.，2007；WHC，2007）。在世界范围内，这些领域依旧缺乏当地专家，因此迫切需要高等院校的培训。来自世界各地高校的教学人员应该解决遗产管理培训和环境保护培训方面的问题，一线从业者也应当提出有关遗产管理培训的理念（Logan，2007）。这些理念包括管理技能的培养与教学和学习方法的标准，既包括遗产地的多学科保护理念，又包括在旅游发展的需求领域的实施。

在第二层面上，教育和能力建设要处理好不同目标群体的问题。这个层面指的是遗址管理的日常工作和相关问题，我们曾提到很多遗址已成为影响社会经济发展的重要因素，保护与利用之间的矛盾日益突出，潜在的遗产地利益相关者需要学习如何探索不同目标群体参与的可能性和局限性（Richon，2007）。这些概念必须考虑目前世界各地因经济衰退导致的教育和职业培训的公共资金与狭义文化项目的减少。为此，必须找到新的参与、合作和财政支持形式。公私合作、企业社会责任和企业家精神等概念在经济衰退的背景下变得重要起来。此外，在提出可持续的遗产利用概念的过程中还需要儿童和青少年的参与，并对他们进行培训（Horn，2007；Hutchings，2006）。

与私营部门的合作是另一种手段，这必须在学术研究和教学中进行分析与传达，因此界定和开发必要的参与形式，以实现"供与求"的可持续平衡，大学的任务是将科学、技术、知识和创造力转化为具体措施。

在第三层面上，教育和能力建设涉及学校遗产教育中面向未来的方法，国家和国际教育机构的教学人员与教育规划人员需要准备将遗产教育纳入学校课程。从概念上讲，这必须由学生和教育研究、课程开发的专家共同完成，传统的教学观念需要发展和实施。此外，在这一领域需要发展多学科和可持续的遗产教育战略，以提高后代的认识和意识（ICCROM，2000；WHC，2005；Deleplancque，2007；Ströter-Bender，2007）。

五、沟通

战略目标包括社区参与、信用、保护和能力建设，各有优缺点，现在我们更仔细地看看第四个"C"——沟通。在《布达佩斯宣言》中，沟通意味着"通过沟通提高公众意识，参与和支持世界遗产的相关工作"（WHC，2005）。世界遗产伙伴关系倡议（PACT）强调了沟通和教育方面的问题，特别是基于计算机的沟通策略。除此之外，通过博物馆的遗产交流，以及通过照片制作和数据库的存档实现了沟通的战略目标。同样重要的是，上述这些努力成功地在学校建立了"遗产日"，将这些活动扩大到了社区和市镇，并改善了不同媒体对遗产的报道策略。

我们要求自己去保护的遗产是由人类的知识和沟通相结合而产生的，它可以被看作知识的载体和技术性应用。因此，它要依赖于不同的利益相关方通过沟通和谈判来协商是支持还是抵制，只有全面考虑这些不同的过程和利益，世界遗产的保护才能变成一个活生生的现实，这又是以保护和使用的不同过程为前提的。

如何组织这样的过程？除了关于社区参与的建议之外，我们还想在这里提出一些新思路，这是由科特布斯的世界遗产研究项目精英布里塔·鲁道夫（Britta Rudolph）在她的博士论文中提出的。该文以大马士革的伍玛亚德清真寺为例，证明了遗产的价值不能仅仅被建筑质量、艺术、历史和科技等分类，或是只作为一个杰出的例子和独特的代表。遗产还应包含非物质的价值——意义或功能，这是交流过程中产生的遗产价值，只有通过这些交流过程，遗产才能吸引当地居民。鲁道夫（2007）写道：

> 其他的主题是在伍玛亚德清真寺中研究担任宗教职务的助手寻找或接近真主的人的角色……进一步是社会平台的角色……社会交往或社会实践促进者的角色；最后同样重要的是它（清真寺）形成了一个象征：家园、权力、政府合法性或宗教认同的象征。

遗产总有个人维度，而在发现这个维度时，遗产保护的实际和持久的目标就成为现实。我们怎样才能更好地表达这些？为了实现社区参与和沟通的战略目标，居住在遗址附近的居民必须积极参与，当地社区必须将各自的价值或功能赋予其中。只有这样，人们才会接受和重视他们的遗产；只有这样，才能使持久保护和可持续利用成为可能。

一方面，五个战略目标需要朝着正确的方向迈进；另一方面，它们必须建立在主观因素和经验的基础上并得到主观因素和经验的支持。只有当个人能够将人类遗产作为个人的遗产和个人继承的事物去理解、解释和运用时，遗产的保护和利用才能持续下去。只有这样个人才能与遗产相互关联，也只有这样个人才能够负责任地行事。对于任何一种遗产来说，负责任的意识和行为对未来的发展是一个挑战，只有当目标被个人和社区共同接受时才是可能的。综上所述，个人和集体的责任感是社区可持续发展的先决条件。

参考文献：

1. Albert, M.-T. 2006. Culture, heritage and identity. In: Albert and Gauer-Lietz, op.cit., pp. 30-37.

2. Albert, M.-T. and Gauer-Lietz, S. 2006. Constructing World Heritage. Frankfurt, Germany, IKO.

3. Albert, M.-T., Bernecker, R., Gutierrez Perez, D., Thakur, N. and Nairen, Z. (eds). 2007. Training Strategies for World Heritage Management. Bonn, Deutsche UNESCO Kommission.

4. Deleplancque, R. 2007. Val de Loire - World Heritage and educational action. In: Albert, M.-T. et al., op.cit., pp. 100-110.

5. Frank, A.F., 1969. Latin America: underdevelopment or revolution: Essays on the development of underdevelopment and the immediate enemy. New York, Monthly Review Press.

6. German Commission for UNESCO. 2007. Kulturelle Vielfalt-Unser gemeinsamer Reichtum. Bonn, Deutsche UNESCO Kommission.

7. Harrison, P. 1980. The Third World Tomorrow. Harmondsworth, UK, Penguin Books.

8. Horn, G, 2007. Heritage management and local participation-the balance between theoretical claims and practical frustrations. In: Albert and Gauer-Lietz, op.cit., pp. 211-17.

9. ICCROM. 2000. Youth and the Safeguard of Heritage. Rome, International Centre for the Study of the Preservation and Restoration of Cultural Property.

10. ICCROM. 2005. Traditional Conservation Practices in Africa. T. Joffroy (ed.). Rome, International Centre for the Study of the Preservation and Restoration of Cultural Property. (Conservation Studies 2.)

11. Kakadu National Park Board of Management. 2006. Kakadu National Park: Draft Management Plan. Australian Government and Director of National Parks. Darwin, Australia, Parks Australia North.

12. Logan, W. 2007. Heritage education at universities. In: Albert and Gauer-Lietz, op. cit., pp. 64-69.

13. Richon, M. 2007. Borrowing someone else's toolbox could be the solution. In: Albert and Gauer-Lietz, op. cit., pp. 186-88.

14. Rudolph, B. 2007. Intangible and tangible heritage. a topology of culture in contexts of faith. Ph.D. thesis, University of Mainz, Germany.

15. Said, E.W. 2003. Orientalism. London, Penguin Books.

16. Schimpf-Herken, I. and Jung, I. (eds). 2002. Descubriéndonos en el otro: Estrategias para incorporar los problemas sociales de la comunidad en el curriculo escolar. Santiago de Chile, LOM Ediciones.

17. Ströter-Bender, J. 2007. Teaching World Heritage - learning paths and museum coffers. In: Albert and Gauer-Lietz, op. cit., pp. 74-79.

18. UNESCO. 2005. Capacity-Building of Teacher Training Institutions in Sub-Saharan Africa. Paris, UNESCO. (ED-2005/WS/26.)

19. WCCD. 1996. Our Creative Diversity. Paris, UNESCO.

20. WHC. 2005a. Basic Texts of the 1972 World Heritage Convention. Paris, UNESCO World Heritage Centre.

21. WHC. 2005b.Progress Report on World Heritage PACT 2005. Twenty-ninth session of the World Heritage Committee, Durban, South Africa, 10-17 July 2005. Paris, UNESCO World Heritage Centre. (WHC-05/29.COM/13.)

22. WHC. 2006. Properties Inscribed on the World Heritage List. Paris, UNESCO World Heritage Centre.

23. WHC. 2007. World Heritage: Challenges for the Millennium. Paris, UNESCO World Heritage Centre.Impact of international designation on local communities.

网络资源：

1. Global Development Research Center. n.d. Urban Environmental Management: Defining Capacity Building: http://www.gdrc.org/uem/capacity-define.Html.

2. ICOMOS. 2005. The World Heritage List: Filling the Gaps - An Action Plan for the Future. Paris, ICOMOS International Secretariat. (Monuments and Sites XII.) http.//www.international.icomos.org/world-heritage/gaps.pdf Landesportal Sachsen Anhalt. n.d. Bevölkerungsentwicklung Sachsen-Anhalt bis 2020-Planungsgrundlage [Demographic Development Saxony-Anhalt until 2020 - planning basis] http://www.sachsen-anhalt.de/.

3.University of Turin. 2008. Master in World Heritage at Work. Turin, Italy. http://whc.unesco.org/uploads/news/documents/news-432-1.pdf.

4. WHC. 2007. Proposal for a "Fifth C" to be added to the Strategic Objectives. Paris, UNESCO World Heritage Centre. (WHC-07/31.COM/13B.)

5. WHC. 2008. The World Heritage List. Paris, UNESCO World Heritage Centre.http://whc.unesco.org/en/listhttp://zope0.itcilo.org/masters/worldheritage/brochure/info.

第二部分　旅游业对当地社区的挑战

第五章 遗址管理框架下遗产、旅游与当地社区的互动

玛丽·何塞·比尼亚尔斯（María José Viñals）和马里兰·莫兰特（Maryland Morant）

引言：世界遗产保护和旅游业管理的一般方法

本章将探讨遗产保护、当地社区和旅游业之间的关系，这也是联合国教科文组织世界遗产地的遗址管理计划中要考虑的因素。自然和文化遗产一直以来都是主要的旅游景点，然而在当代社会，旅游已成为一种日益复杂的现象，尤其是在世界遗产地和保护区。如今，旅游涉及文化、生态、社会经济和政治因素等多个层面。在过去的40年中，全球社会变革的一个显著特点是大众旅游的增加。旅游业和旅游相关产业的过度发展或管理不善可能会威胁遗产的物理特性、完整性和遗产的其他重要特征。东道主社区的生态环境、文化和生活方式也可能随着游客到访而退化。造成这种情况的原因是：许多遗址地客流量偏高，与之毗邻地区的建筑不符合世界遗产的价值观，遗址地缺乏合理的旅游管理规划，缺少专职研究旅游影响的人员，关于世界遗产和遗址地的重要性的教育不足（针对当地居民、游客），旅游业无法解决关键的遗址问题等。

联合国教科文组织的世界遗产地认定工作包括起草一项管理计划（《世界遗产公约》，1971），以保护资源和遗产。《世界遗产公约》是各国政府开展世界遗产认定工作时首先需要遵守的。在实施《世界遗产公约》的过程中，最为明显的问题是遗产保护（现在仍然如此），但没有人预料到，对于在20世纪70年代就开始发展起来的文化和自然旅游而言，被列入《世界遗产名录》上的遗址是多么具有吸引力。由于旅游对社会经济以及其他方面的影响，随后几年（20世纪80年代）联合国教科文组织对旅游业进行了适当的管理。因此，世界遗产委员会在遗址规划过程中添加了旅游管理工具和当地的社区参与两项内容。

通过世界遗产中心（WHC，2001），《世界遗产公约》还为遗产管理的所有缔约方和利益相关方提供了《世界遗产可持续旅游计划》，用于世界遗产地的规划和旅游管理。其他机构，如联合国世界旅游组织（UNWTO，1995，1999，2002）、国际古迹遗址理事会（ICOMOS，1999）、国际自然保护联盟（IUCN）和《生物多样性公约》缔约方大会（2004）也做了相似的工作。

联合国教科文组织公布的指导方针很大程度上有助于制定国家政策。面对自20世纪90年代以来游客大量增长的情况，保护区有能力将保护和公共利用相互结合。不过笔者发现，到目前为止，尽管许多地方已经投入了大量的资金进行修缮和维护，并且大量来自旅游者的收入本该有助于遗产地的改善和维护，但是大部分遗址并没有在被认定为世界遗产之后得到更好的保护。《国家地理》（Tourtellot，2006）分析了旅游对热门目的地的影响，以及受到旅游业威胁的94个世界遗产地的最新评分。其中最糟糕的是加德满都谷地（尼泊尔）、吴哥（柬埔寨）和布达拉宫（中国），主要是受大众旅游的影响。但许多目的地也正以其强大的实力与活力经受住了蜂拥而至的游客的冲击。排名第一的是挪威的西部峡湾，第二是西班牙的阿尔罕布拉宫①，这两个地区都得到了很好的保护和当地社区良好的管理。

管理手段的应用似乎并不像应有的那样广泛，或者它们常常被不完整或不适当地应用，遗址地很少把旅游和社会观点纳入规划中。资源保护实际上吸纳了负责遗址管理的当局的所有人力和物力。《世界遗产公约》生效近40年，但显然还不足以改善遗址的保护状况，在有些情况下还有明显的力不从心之感，部分是因旅游造成的。虽然上述关于指导方针的文件规定了当地人民在规划和管理世界遗产与保护区方面必须发挥的重要作用，但很少提及他们必须参与的方式。为什么很少有敢于超越的尝试呢？

一、对世界遗产地和传统旅游发展模式的反思

制定世界遗产保护区发展旅游业的制度指南是否是一个合适的方法？审查这项制度是否有效的第一步包括反思计划中的项目是否合适，是否能服务于所有世界遗产类别。《世界遗产公约》包括对文化景观、历史遗迹、建筑环境和生物多样性、收藏品、过去和持续的文化习俗、知识，甚至生活经验和地方特性在内的各种各样的资源的保护。

---

① 阿尔罕布拉宫是西班牙客流量最大的景点之一。它每年的客流量是由安达卢西亚地区政府设定的2900000（4—9月份为每天8400人，9—次年3月份为每天6800人）。目前的客流量几乎在这个水平上，格拉纳达市议会运行了一套创新的城市战略，以保护、管理和确保恰当地使用文化遗产（Troitiño，2000）。

因此，在古迹、景观和历史文化名城实施旅游管理计划，与以当地居民特别是土著居民（社区旅游）为特色的遗址管理计划并不相同。当一个社区的文化遗产是它提供给游客的实质内容时，保护它是至关重要的。这些被涉及的极其脆弱的社区文化需要特殊的保护，它们作为一种文化形式正濒临消失。每个地方或社区的集体记忆，无论是现在还是将来，都是不可替代的，也是当地发展的重要基础。因此，必须非常小心，同时要考虑现状所要求的所有道德规范（道德训诫）。遗产旅游项目面临的主要挑战是确保旅游业不会影响吸引游客到访遗址地的特质。

虽然未涉及过多的细节，我们应该注意到上述文献从旅游的维度讨论遗产时，大多是从大规模旅游业的角度出发，旨在解决世界范围内的大规模旅游者的问题。在制定世界遗产地旅游指南，甚至参与文物保护计划时，都征询了许多旅游经营者（大量的企业）的意见。1996 年，世界旅游业理事会（WTTC）、联合国世界旅游组织（UNWTO）和地球理事会在里约热内卢行动计划的基础上启动了旅游业的"21 世纪议程"。还有其他一些非常有用的文件，如环境署（2005）的文件。该文件指出，管理人员必须确保旅游业为世界遗产地带来整体净效益。从那时起，有大量与旅游业的最佳环保实践相关的图书出版了，其中一些由大型旅游业联合会出版（Wight & Associates，2001；IHRA /UNEP，2003）。这些公司通过广告宣传的方式吸引环保旅游市场，并基于 WTTC 1994 年发布的绿色环球 21（Green Globe 21）等原则建立了质量认证体系。

自然和文化旅游产品的管理主要掌握在传统旅游公司的手中，这些公司已经发现了与遗产有关的新市场的机会。对这些目的地的推广需要在遗址地增加基础设施和设备，这就使得标志性的遗产地普通得如其他的目的地一样。此外，如上所述，这是旅游需求和全球旅游统计数据增长最快的地方。然而，正如芬内尔和韦弗（2005）指出的那样，这并不足以保证目的地的环境和社会文化的可持续性，也不能提升目的地对游客的吸引力。

很显然，许多大型旅游公司不仅在形象方面，而且在管理自然资源和保护遗产方面都有很大的提高。然而，企业在很大程度上仍然受到利润指标的约束，这导致他们总是徘徊在不加节制地利用标志性景点的门槛上，同时忽略（有意或无意）行业所赖以生存的支持性资源，例如饮用水和土地。在土地利用方面，世界遗产地附近的地区承受了巨大的压力和不必要的过度开发与环境恶化。例如，有很多度假胜地和度假住宅在无规划蔓延，特别是在沿海地区和岛屿上，这导致当地难以保持自然和景观环境的多样性，也难以确保当地居民进入海滨的权利。此外，水污染、固体废弃物、能源消耗、用水量和夜间照明过亮都是旅游业管理措施不当造成的后果。

正如我们所看到的，世界遗产地是许多专业旅游公司提供的旅游产品中的重要元素。大量的旅游公司越来越多地把游览活动作为度假套餐的附加选项，包括前往世界遗产地游览。许多提供自然、探险或文化旅行的专业旅游经营者提出保护区是旅游中的重要景点，但这些地区的受保护地位往往并不会对客户特别提及。

二、超越环境的影响

我们观察了被联合国教科文组织提名为世界遗产地的地方是如何提高其旅游吸引力的，然而这些遗产地并没有准备好成为旅游目的地。虽然旅游可以为目的地带来可观收入，但同时它也会影响该地的生态、文化及精神文明。除了许多地方由于旅游开发利用导致的环境影响和退化之外，本章重点讨论了一些不那么明显的影响，如文化贫困和"失活"（失去活力），尤其在那些当地居民是遗址地重要组成部分的地区。

对遗产无形价值和功能产生的影响往往比对物质层面产生的影响更为重要，但它们也很少受到世界遗产地管理机构和学术界的关注。也正是因为它们难以被发现、衡量和重视，也更难处理。这些影响最明显的后果就是丧失了遗产地的真实性，对社区内文化和遗产的欣赏度变低，失去完整性，当然也丧失了"精神"的地位。一个地方的真实性丧失与文化贫困有关，尤其在旅游者到访率很高的地方，这种现象更是明显。一些专有的东西通过商品化过程逐渐转化为不那么重要或者更为普遍的东西，而这些商品化过程通常都是由外部人员掌握的。正如佩德森（Pedersen，2004）指出的，过多的游客可以把非物质遗产变成民间文学艺术。在这种情况下，遗产就成了市场上的另一种产品，而不是一个独特的存在。那些认为这些遗址是文化遗产的人和把它们看作商品与待售产品的人之间经常会发生冲突。在第一种情况下，文化资产将在我们集体文化认同的社会责任范围内得到保护和恢复；而在第二种情况下，文化资产将被恢复，以便更有效地销售，例如旅游。

这种功能的变化是众所周知的，特别是在历史中心、古迹、圣地和自然地区，它对与当地人有关的重要无形价值的遗址有着特别的影响。因此，正如艾伯特（Albert，2011）所指出的那样，许多历史悠久的城镇中心成为客流量很大的地方。当地居民觉得日常生活的空间被大量来访的游客侵占，他们不得不搬走，因为城市生活成本太高，而且他们的生意可能也受到遗址保护和管理的限制。当地人与遗址地紧密相连的关系正在消失，历史悠久的市中心丧失了其重要的功能。典型的案例就是意大利的威尼斯，威尼斯人不再居住在岛上的历史文化中心，而是居住在大陆城市梅斯特（Mestre）。在那里，传统的庆祝活动，比如嘉年华，现在已经成了为游客展现的精巧表演，而不是当地人的日常生活。

这对游客也会造成影响，从长远来看这些地区的吸引力会变弱。众所周知，文化遗产是人类的创造，随着文明逐渐脱离文化，其内在的价值也随之消失。因此，这种共生有利于遗产保护和旅游业的发展。在这方面，因为无形的价值观不断被输入遗址，所以赋予遗产更大附加价值的当地社区是创造遗产的文明的直接继承人。留住文化和与其活动有关的资源的土著人民的情况就是如此。还有一些沉浸在现代文明中寻求恢复其根基的少数文化团体，如蒙大拿州的克劳印第安人和其他美国保护区的原住民，他们从没有选择融入城市，以便能够过上与古老的习俗和信仰和谐相处的生活。洪都拉斯的 Garifuna 人也是如此，他们设法保护了与加勒比沿海地区生活方式有关的语言和习俗。

然而，在其他情况下，当地社区已经完全接受了由其他人创造的遗产，并将之视为己出。在古代灭绝的文明古迹中可以找到例子，例如佩特拉遗址公园的古迹，这些遗迹起源于古代的纳巴泰文明。如今，该地区最大的社区是贝都因人的社区，他们把它看作属于自己的遗产，几个世纪以来一直不断为它注入活力。而在其他情况下，群体完全脱离了祖先传给他们的遗址。例如，在中美洲的一些地区，比起玛雅文化的鼎盛时期，现在有更多的玛雅人。然而，在玛雅遗址，如洪都拉斯的科南（Copán）或墨西哥的特奥蒂瓦坎（Teotihuacan），其精神已难以察觉。

在其他情况下，与当地居民自发或被迫放弃相比，世界遗产地和保护区变得不那么重要的根本原因是所谓的"博物馆效应"，这一效应由主管当局自愿或非自愿地引起，对文化和自然遗产造成影响。这种影响包括把具有艺术价值的遗产隔离和封闭（过度保护）起来，就好像它是博物馆的作品一样，使得大量的参观者能够有序地近距离看到它，这样便隔断了文化和自然遗产与先前创造和使用它的社会之间的许多联系。在一些极端情况下，这种保护涉及物理屏障，遗产的性质被改变并从其背景中去除。例如，石窟被围起来，用玻璃把建筑物（教堂、市场等）进行隔离，虽然还具有社会功能，但是它们却变成了当地社区不能再使用的"博物馆"。我们必须记住，保护遗产的物理障碍不仅对游客造成了心理障碍，而且对当地社区也会造成心理障碍。

在自然保护区，只要是在那些公共场所，包括用于建设娱乐场所的地方、接待大量游客的地方和建设核心区基础设施的地方，都会感受到这种"博物馆效应"。这些因素带来了不自然之物，导致其真实性的丧失。例如，一些自然保护区似乎相对于我们打算保护的野生动物生存地区而言更像动物园。因此，我们越来越多地看到，为了充分保护遗产，我们诉诸最为严格的法律以寻求解决方案，如"一体化储备"或原创复制品（Morant and Viñals，2008）。

遗址地生命力的消失等同于国际古迹遗址理事会在2008年的《伊瓜苏宣言》中所强调的"地方精神"的丧失，"地方精神"可以表现出特定文化与产生这种文化的地区之间的关系的本质。自然或建筑物环境中的有形和无形组成部分的相互作用对于维护创造它们的社区至关重要。这种活力的下降意味着当地会失去对遗产感兴趣的一部分游客，以换取兴趣并没那么专一的游客的增长（简化游客形象侧写），这种需求的要求不高，但感知能力很高，因此从旅游活动中获得的满意度很低（Morant，2007）。对遗址地而言，这会产生风险，因为一旦确保了游客的心理舒适度，游客人数可能会增加，甚至造成大量游客涌入，从而因娱乐活动本身和旅游基础设施的扩建而对遗址地造成影响。

此外，近年来游客需求发生了很大变化，变得更加多样。现在知识型的（能够在不同文化间进行双向吸收）文化遗产旅游者能够比前几代人更好地进行旅游活动和接受更好的文化遗产教育，他们期望从旅行经历中获得更多。这使质量和真实性比以往任何时候都更重要（WHC，2005）。游客的较高期望和目的地对游客时间的激烈竞争，也意味着游客的体验必然使得遗址地或项目活跃起来。恢复遗址地的活力和精神文明是一项复杂的工作，不能通过投资来获得（如遗产的物理性恢复）。相反，它往往涉及影响当地社区的社会问题，而当地社区往往无法控制自己的处境。但切记，任何试图取代遗址地真正主角地位的解决方案都有可能使得遗址地最后沦落为一个主题公园。同样重要的是，要记住遗产是共同过去的一部分，是社区认同的源泉，遗产保护工作有助于加强社区内的认同感。

目前的旅游指南对于应对这种情况的措施的制定和执行不够充分。正如《地质旅游宪章》第三章所述，需要一个合理的计划，鼓励企业为自然栖息地、遗产地和具有艺术感染力的当地文化做出可持续的贡献，从而为目的地提供保护并增强其吸引力。

三、对旅游业和当地社区的考量：当地社区和利益相关者参与

当地社区的参与包括很多方面。通常情况下，对世界遗产地或保护区的认定计划以及随之而来的规划和方案的批准工作，是当地人参与的第一步。当制定涵盖利用旅游业的财政振兴计划来推动该地区的发展时，他们的参与尤其有意义。利益相关者中除了当地人之外，其他利益相关方也扮演着重要角色。提

高觉悟、大众传播、信息共享和培训是整个参与过程的关键部分,各级的所有活动者都必须被包括在内。

当地人通过提供他们的观点做出贡献,其范围可以从完全接受到拒绝计划。尽管他们意识到参与的重要性,他们也有权参与,但许多当地社区并没有积极参与其中。造成这种动机缺乏的原因是多种多样的,其中包括:缺乏对制度的信心;过程非常费力;在日益显著的个人主义的比较之下社会集体价值的丧失;土地利益不同等(Viñals,2006)。一旦计划和项目得到批准,甚至实施,出现问题时,地方社区和当局的可操作性会受到严重影响。最可取的选择通常是就决策达成共识,以避免社会摩擦和额外经济成本的产生。

当地社区参与的另一个角度是利益相关者积极参与世界遗产地的认定。这通常发生在认定世界遗产地时,如果积极参与,可能会为居民带来经济效益。在这种情况下,公众参与唤起了更大的兴趣,对当地人也有明显的经济吸引力。因此,该过程根据所涉及的项目的种类各有不同。在第一种情况下,更多的是在公众协商过程中表达意见,所有的意见都是有效的,都被同等地考虑。这通常涉及磋商和索赔。在涉及对当地经济贡献的情况下,世界遗产的认定也应该包括指定负责遗产地治理和发展的管理者。他们需要专门的培训,培养真正有效的管理能力,因为不能理所当然地认为当地人,特别是利益相关者已经充分准备好了应对、管理或处理未来的业务。

人们通常认为,旅游项目能够为当地社区带来收入。然而,这个机遇并没有摆脱旅游经营者的注意,旅游经营者把世界遗产或保护区视为非常有吸引力的新兴目的地。因此,进入该地区的旅游经营者通常被包括在利益相关者中,他们是旅游业的主要推力,并能够成功地营销自然或文化旅游产品。这种情况通常会使当地政府满意,因为它从一开始就能带来大量的国际游客,而且目的地的人气也在增加。由于缺乏资金和专业经验,与旅游业直接或间接相关的小企业初期机会不多,因此当地人的作用仅限于在大型连锁酒店或类似的工作场地中提供劳动力。

讨论这些问题在发展中国家特别有意义,发展中国家的遗产规划和管理模式非常垂直与集中,地方政府通过组织招标来发挥重要作用,通过旅游经营者使目的地成为国际知名的标志性的旅游景点。在这种情况下,当地社区的参与有时是最小的,因为需要采取预防措施来节约有利于发展的资源。而且,旅游业已经变得太重要了,当地经济不得不依赖国际需求趋势。

发展中国家的当地社区和人民的真正参与通常在国际同盟以外的边远地区。市政公司和非政府组织在组织管理旅游业的供给方的工作中扮演着重要角色。在拉丁美洲国家，有很多利益相关者参与的实例，其中实施旅游项目的资金通常来自国际合作机构，这些合作机构的成立旨在减轻贫困和促进当地发展（Robinson & Picard，2006）。与这些建议相关的常见问题是设计旅游产品（在缺乏潜在需求和分销渠道等的情况下）缺乏专业性，在偏远地区销售小产品方面存在困难。规划和管理遗产旅游必须由专家和专业人士进行，以确保结果可行。这些项目往往缺乏经济可持续性，因为援助结束时，通常会由于无法在市场上维持而导致热度下降。

到目前为止，在发达国家，人们对于旅游作为世界遗产地或旅游保护区经济发展中的唯一因素这一理念缺乏信心。但是，旅游也确实做出了重要的贡献。在任何情况下，这些国家都是现实和潜在需求量最大的国家，引领着游客选择目的地的趋势和潮流，其世界遗产地也有更多和更好的公共设施，从而为消费者选择国外目的地提供了参考。发达国家的世界遗产地或保护区认定可能与发展中国家的边远农村地区或小型定居点的遗产地认定具有相同的特征。如果一个遗址位于大城市或城镇，那么公众协商和利益相关者的参与是微不足道的。

就城市而言，与世界遗产地和保护区有关的旅游业造成的环境和社会经济影响不容易与其他因素造成的影响区分开来，因为存在一系列协同效应和多样化的资产。城市不容易受到社会影响，经济也更加多元化。因此，在这种情况下，当地社区的参与更多地集中在磋商设定和协商一致方面，这对人们生活方式的影响要比对其财务状况的影响更为突出（正如刚才提到的，除了历史悠久的小城市）。但是，沃斯和弗里斯通（2003）指出，遗产旅游显然是城市振兴和创业的新机遇。随着对城市发展采取更多的"创意"方式，文化正在积极发挥着提升城市形象和设施的作用。

在任何时候，不仅世界遗产地或保护区管理者可能不堪重负，而且地方政府也无法管理自己的土地规划和旅游经营者土地规划的执行情况。国际旅游公司（如邮轮）甚至通常与保护区或世界遗产没有直接的联系。洪都拉斯的皮克波尼国家公园就是这种情况，旅游经营者试图在不考虑遗产管理者制定的指导方针的情况下制定客流量的标准。另一个例子是阿根廷巴塔哥尼亚地区的旁塔汤布岛（Pingüinerade Punta Tombo）。诸如公私伙伴关系、企业社会责任和企业家精神等概念在这种情况下变得越来越重要。

另一个常见的情况是涉及利益相关者的规划没有考虑到世界遗产地或保护区的限制。从技术角度来说，遗址的娱乐休闲承载力的分析结果与旅游承载力的分析结果之间没有对立。前者提供了一个遗址可以处理的游客数量，并且不会造成资源损失，使游客有一次令人满意的体验。这一分析必须作为规划旅游基础设施建设的起点，以免高估供给（旅游承载力），因为城市发展需要大量的土地和水资源，同时也造成了最大的环境影响。因此，在启动大型或小型旅游倡议之前，遗址管理者应根据财务目标、保护目标和可用资源，对遗址地适宜的旅游水平有一个清晰的认识，制定管理、商业和财务计划，系统地确定与旅游管理有关的所有成本和收益。

世界遗产地或保护区的旅游业作为有益于当地社区和遗产保护的一种方式，由于对项目建设和活动与遗产保护之间潜在的矛盾认识不足，目前正面临着信誉危机。这是因为在很多世界遗产地和保护区内，旅游模式都被假定的环境和社会可持续性预防措施所支配，这些预防措施很难得到证实，从而导致了严重的环境和土地问题。

四、旅游业、世界遗产和土地规划

如上所述，世界遗产认定过程的基础是公开承认特定地区的价值和功能值得用特定的规则和约束的事实。官方流程是基于这样的协议，即世界遗产地或保护区的地位将有利于该地区的可持续管理，这是一个共同的遗产，认定带来的社会经济效益将支持保护工作、发展劳动力市场、调整结构和减少环境/文化修复成本。这些好处至少在长期内可能影响当地社区和利益相关者。另一个问题是，在世界遗产地或有旅游规划的保护区内，遗址环境通常经过严格设计，然而这没有充分纳入地区立法，因为目前通过国际认定提供的机制不足以进行适当的地区规划。这意味着该领域被特定的规则所约束，而周边地区通常受到立法的影响。

通过执行世界遗产地或保护区的保护计划来发展旅游，相似的旅游发展模式必须被纳入现有的地区规划程序（地区规划或城市规划）。那么，管理计划将是一个独立的、综合的、全面的文件，包含来自所有利益相关者和有关团体与个人的贡献。除了具体遗址外，还要考虑周边地区的规划。世界遗产的认定应该被看作一个动态的过程，不能仅仅关注获得国际认可的特定时刻。此外，土地规划过程需要考虑传统知识，并且应该建立机制，将科学与土地规划联系起来，并将传统知识传授给规划者和管理者。

制定和实施综合管理计划的责任主要在于国家或地方政府。国家和地方政府参与旅游规划和管理是具有决定性意义的。首先，这是因为资源和遗产正在受到威胁，这些公共资产的保存和保护必须得到保证。其次，由于实施旅游活动属于私营部门的工作，因此需要更好地统一国家/区域法律框架，以控制影响遗址地区的活动。有些当局已经制定了专门的保护区综合计划，除了面积较小的地区之外，实施起来比较复杂。还有一些包括保护区在内的广大领土的土地计划，这些土地是全面覆盖的。然而，从实际管理的角度来看，要按照其设计的精神去实施还是有很多问题的。由于权力交叉严重，其措施难以协调，因此也会出现差异。例如，威尼斯市及其潟湖涉及 22 个部门（州、大区、省、社区等的），这些部门都对该遗址有一定权力（Viñals & Smart，2004）。一些试图协调欧洲保护区行动的举措在一定程度上取得了成功，如欧洲自然与国家公园联盟（EUROPARC，2000）推动的《欧洲可持续旅游章程》。

对于拥有世界遗产的大城市来说，旅游规划都遵循着城市自身的发展模式。在农村和自然地区，要真正落实地方社区，满足社会可持续发展的要求，要应用的模式必须具体覆盖参与。如果满足上述的要求，经济可持续性将得到充分实现。这个选择鼓励中小型的本土企业，确保当地人"拥有"遗产，并在更大程度上保护它，而不是让同一国家其他地区甚至海外的公司拥有。这种做法能够在更大程度上保护遗产。这也确保了可控的增长。

五、结论——"如果和但是"

总之，我们提出以下建议：

- 每个人都必须明白，有关部门已经为世界遗产保护区设定了限制，以维护其价值和功能。
- 如果世界遗产地或保护区向公众开放，则必须有专题解读计划和设施，以保证最小的影响和最大的意识觉醒。
- 世界遗产地或保护区需要将特定的旅游管理计划纳入该地区的地域规划。该计划必须考虑地域限制（可用的自然资源和人力资源），以便监测其可以容纳的旅游基础设施的数量。因此，休闲旅游能力和旅游承载力要按照土地规划目标和持续发展的情况来确定和统一。
- 世界遗产地的旅游管理计划需要优先考虑当地社区和利益相关者的参与，并为项目执行制定指导方针。
- 旅游业的经济利益必须直接且主要归于当地社区，他们必须管理这一活动，必须为旅游人员（导游、服务提供者、旅行社经营者等）和世界遗产地或保护区管理人员提供特殊的培训。
- 如果不会损害居民的传统生活方式和习惯，社会福利和更好的生活质量会受到欢迎。
- 遗产地形象的设计必须针对感兴趣的和/或专门的公众，因为专业人士会根据科学标准进行差异化的品牌塑造。了解社区可以处理的客流量，即有效的承载能力，是很重要的。

参考文献：

1. Albert, M.-T. 2011. Perspectives of World Heritage. Towards future oriented strategies with the Five Cs. In: Community Development through World Heritage. Paris, UNESCO, pp. 36-42.

2. Convention on Biological Diversity. 2004. Guidelines on biodiversity and tourism development: International guidelines for activities related to sustainable tourism development in vulnerable terrestrial, marine and coastal ecosystems and habitats of major importance for biological diversity and protected areas, including fragile riparian and mountain ecosystems (CBD Guidelines). Secretary of the Convention on Biological Diversity, Montreal.

3. Eagles, P.F.J., McCool, S.F. and Haynes, C. 2002. Turismo sostenible en áreas protegidas. Directrices de plani cación y gestión. International Labour Organization/United Nations Environment Programme/ International Union for Conservation of Nature.

4. Fennel, D. and Weaver, D. 2005. The ecotourism concept and tourism-conservation symbiosis. Journal of Sustainable Tourism, Vol. 13, No. 4, pp. 373-90.

5. ICOMOS. 1999. International Cultural Tourism Charter. Managing Tourism at Places of Heritage Signi cance. Adopted by the International Council on Monuments and Sites at 12th General Assembly in Mexico, October 1999.

6. ICOMOS. 2008. Declaración de Foz do Iguaçu. Foz do Iguaçu, Parana, Brazil, 31 May 2008.

7. IHRA/UNEP. 2003. Environmental Good Practices in Hotels. Case Studies from the International Hotel & Restaurant Association Environmental Award. International Hotel & Restaurant Association/United Nations Environment Programme.

8. Morant, M. 2007. Desarrollo de un modelo para la determinación de la capacidad de carga recreativa y su aplicación en espacios naturales protegidos de la Comunidad Valenciana. Ph.D. thesis. Universitat Politècnica de València, Spain.

9. Morant, M. and Viñals, M.J. 2008. La capacidad de carga recreativa en la gestión de visitantes. El caso del Parque Natural del Carrascal de la Font Roja. Análisis Turístico, No. 6, pp. 66-74.

10. Pedersen, A. 2004. The alliance between tourism and mankind's intangible heritage. The possible tangible bene ts of working on intangible heritage issues at World Heritage sites. Diàlegs -Fòrum Universal de les Cultures-Barcelona 2004.

11. Robinson, M. and Picard, D. 2006. Tourism, Culture and Sustainable Development. Paris, UNESCO.

12. Tourtellot, J.B. 2006. Places rated. How do 94 World Heritage destinations stack up? National Geographic Traveler, November-December, pp. 112-24.

13. Troitiño, M.A. 2000. Turismoy sostenibilidad: La Alhambray Granada. Anales de Geogra a de la Univ. Complutense, No. 20, pp. 377-96.

14. Troitiño, M.A. 2005. Forging Links between Protected Areas and the Tourism Sector: how tourism can benefit conservation. Paris, United Nations Environment Programme, Division of Technology, Industry and Economics.

15. UNESCO. 2005. Sustainable Development and the Optimizing of Cultural Diversity: how well is tourism education adapting to these new challenges? First Meeting of UNESCO/UNITWIN NETWORK, Culture, Tourism and Development, Education UNESCO Chairs, UNITWIN Networks.

16. UNWTO. 1995. La Carta del Turismo Sostenible. Conferencia mundial de turismo sostenible, Lanzarote, Canary Islands. UN World Tourism Organization.

17. UNWTO. 2002. Québec Declaration on Ecotourism, 19-22 May. United Nations Environment Programme/UN World Tourism Organization.

18. Viñals, M.J. 2006. Observaciones sobre la evolución reciente del ecoturismo. In: M.J. Viñals (ed.), Turismo en espacios naturales y rurales III. Valencia, Spain, Universitat Politècnica de València, pp. 9-18.

19. Viñals, M.J. and Smart, M. 2004. The Lagoon of Venice as a Ramsar Site / La laguna di Venezia: zona umida di importanza internazionale ai sensi della Convenzione di Ramsar. Provincia di Venezia, Assessorato alla Caccia, Pesca e Polizia Provinciale.

20. Wight, P. & Associates. 2001. Best Practices in Natural Heritage Collaborations: Parks and Outdoor Tourism Operators. Canadian Tourism Commission.

21. Wirth, R. and Freestone, R. 2003. Tourism, heritage and authenticity: state-assisted cultural commodi cation in suburban Sydney, Australia. Perspectivas urbanas/Urban Perspectives, No. 3.

网络资源：

1. EUROPARC. 2000. European Charter for Sustainable Tourism in Protected Areas. http://www.europarc.org/ european-charter.org/photos/charter_full_text.pdf (Accessed 19 February 2006.)

2. National Geographic. http://www.nationalgeographic.com/travel/sustainable/programs_for_places. html#charter (Accessed 12 August 2008.)

3. UNEP. 2002. Principles for Implementation of Sustainable Tourism. http://www.uneptie.org/tourism/policy/ principles.htm (Accessed 6 March 2006.)

4. WHC. 2001. World Heritage Sustainable Tourism Programme. http://whc.unesco.org/en/sustainabletourism (Accessed 21 March 2010.)

第六章　旅游业与社区居民的感知
——以世界遗产地泰国古城大城府为例

罗素·斯塔夫（Russell Staiff）和索米尔托·翁赫卢普（Somyot Ongkhluap）

引言

在2007年10月的《世界遗产名录》中，《国家地理》杂志的乔纳森·托特勒把旅游业称作对世界遗产"最大的威胁和恩赐"。虽然他没有特别强调其意义，但其他人已经明确阐释了"威胁"不仅是对遗产资源本身，也可以延伸到与世界遗产有密切联系的社区中。在旅游研究的文献中，长期以来一直有人试图去了解游客对目的地社区各种不同环境（物质、文化、社会、经济等）的影响。"文化影响"是旅游文献中容易找到的一个术语，但它很少被看作完全正面的概念，往往与"商品化""现代化""全球化""破裂""丢失传统"等术语相关。在20世纪90年代初，罗伯特·伍德对这些影响做了一个比喻，他形容的状态正是该研究领域的主导：旅游和目的地社区像是一桌台球，每一个分立的实体和旅游业就像是白球撞向静止的彩球，彩球即目的地，然后目的地会"遭受"这个外力的影响（Wood, 1993）。

本章主要着眼于当地社区对这些游览大城府历史公园的游客的看法，并试图从当地人对旅游业给他们生活带来影响的看法，以及这些看法和现实的文化维度是否是旅游造成的结果两方面，去理解旅游业和这个位于曼谷以北80公里的充满活力的区域性城市之间的关系。

一、大城府：一个历史与神话同存的城市

从佛历1893年（公元1350年）到佛历2310年（公元1767年）的400多年间，大城府都是泰国的首都。大城府建立在湄南河、帕萨克和华富里三江汇合处的肥沃的冲积平原上。大城府的护城河连接了南北的河流，从这个城市创

造之初就为其提供了良好的保护。该城进一步的防御是由一座 12 公里的包含强化炮塔在内的砖墙和 99 个门提供的，其中包括 20 个水门。大城府本质上是一个以水为基础的社会，包括水上运输、稻田灌溉、渔业和当地具有象征性的佛教文化（对于当地的描述见 Leksukhum, 2000; Lekhakula, 2000; Nanta, 2000）。拥有发达运河系统的大城府，被欧洲游客视为"东方的威尼斯"。"大城府"这个词，指的是印度史诗《罗摩衍那》中描述的神话城市阿尤达亚。大城府是在湿婆神的指挥下为人类建造的（为了在巨人的比赛中对抗其对手城市兰卡，大城府被说成在梵天神的指挥下建造的）。与《罗摩衍那》的联系，不仅象征性地将大城府与仁慈贤德的王权理想统一起来，也具有神圣统治意识形态的痕迹。这个名字也凸显高棉人对这个城市政治文化的影响（Heidhues, 2000）。位于其最高处的大城府王国既强大又繁荣，统治着这个以城镇和城市为主体的讲泰语的帝国。在来自欧洲的游客、贸易商和外交官心中，这个城市的财富（特别是数百名佛教徒使用金子建寺庙的行为）和其仪式化的生活带来的异国情调俘获了他们的心（Lekhakula, 2000）。然而，在佛历 2310 年（公元 1767 年），这个城市被缅甸军队搜刮，并遭受了大规模的摧毁。毁损程度一样的暹罗法院曾先后在吞武里和曼谷重建，但古老的大城府从未重建过。

这座城市于 1991 年被列入《世界遗产名录》。虽然它是根据标准（i）（ii）（iii）（iv）（v）（vi）提名的（Saipradist, 2005; World Heritage Centre, 2005），但其被列入《世界遗产名录》主要是依据《世界遗产公约操作指南》中的标准（iii）。标准（iii）指出，遗产地是"独特的或至少是对一种已经消失的文化传统、生活方式或文明的特殊证明"（WHC, 2005）。如同佩莱吉所说，这个阐释说明了泰国遗产、泰国文化与社会认同的三大支柱，即佛教、君主制和国家之间的关系（Peleggi, 2002）。这个代表性关系是反复地通过旅游业对大城府的影响体现的，这些影响存在于对地方的推广和营销中、指南中以及当地构建旅游体验的方式中（Peleggi, 2002）。

二、当代大城府：一个旅游城市

根据泰国旅游局（TAT, 2004）统计，大城府古城每年迎接超过 100 万的国际游客，主要是来自曼谷的一日游游客，其中 72% 来自西方国家。每年有约占总数 10% 的国际游客抵达泰国（Saipradist and Staiff, 2007）。换句话说，超过 72 万的游客来自西方国家，人数众多且每年都在增长。泰国国家旅游局已经计算出当前的增长率为每年 1.7%。此外，历史公园已经接待了 170 万泰国游客（TAT, 2003）。整个游客的分布在这一年中是不平衡的。对于国际游客来说，高峰月份是7月至8月和11月至次年1月。对于泰国游客来说，高峰与两个主要的节日——水灯节和泼水节有关。烟花的视觉和听觉表演，也成为此地泼水节的一大特色。现代的大城府是一个省会城市和重要的区域性城市，所属省约92%的土地是农业用地，也是泰国稻米产区中最重要的省份之一（TAT, 2000）。

像大多数同地域性密切相关的世界遗产地社区一样，大城府的社区关系也是多样和复杂的（Leask and Fyall, 2006）。部分居民可以直接与旅游业产生联系，如成为当地导游、纪念品卖家、餐馆老板和他们的员工、出租车和嘟嘟车（小出租车）的司机、住宿业主及其员工、旅游经营者、省级旅游部门的政府官员等。尽管这个特定的地区每年涌入270多万人，游客引发的现象是完全不可以被忽略的，但部分住在大城府的人却并不认为自己是旅游业的一部分。同样的，遗产公园和城市其他部分之间存在着从强烈的（更多的是与佛教有关）到比较淡漠的不同关系（Saipradist, 2005）。

三、社区价值观和社区对旅游的感知

在2006—2007年中，一项关于社区对旅游影响感知的研究，采用了针对社区价值观的研究方法。这个项目把一些旅游利益相关者的档案研究和访谈制作成一份关于大城府旅游问题的清单，然后这些问题被转换成社区价值观。当他们认识到旅游的问题时，可以发现自己的社区价值观所在。这些价值观反对旅游者开展的所有旅游活动，包括从参观寺庙到乘坐大象的一切活动。价值观和活动被研究人员构建为一个矩阵，请旅游经营者、旅游活动的利益相关者和居民表达他们对旅游活动与价值的关系的认识，到底是积极的、消极的、中立的，还是没有关系的（详细的方法参见Staiff et al., 2007）。

不出所料，旅游业的经济效益是被高度肯定的。当问到大城府的居民，旅游是否有经济价值时，近60.4%受访者看到了积极的关系，只有13.3%的人认为是消极的关系，尤其是就业和收入方面获得了超过80%的正面响应。在讨论旅游如何影响社会文化价值时，有接近一半的受访者（46.8%）看到积极的关系，21.2%的人认为是消极的，还有22.3%的人认为旅游对社会文化价值没有影响（参见图6.1）。一系列特别负面的旅游活动是与夜生活相关的，近60%的受访者认为酒吧、迪斯科舞厅和卡拉OK会对当地社区造成不良影响。大多数受访者在旅游业对当地社区发展是否有贡献这个问题上看法不一致，人数各占一半，如考虑这些活动对安静祥和的遗产公园的环境影响，近50%的受访者认为这种影响是负面的。

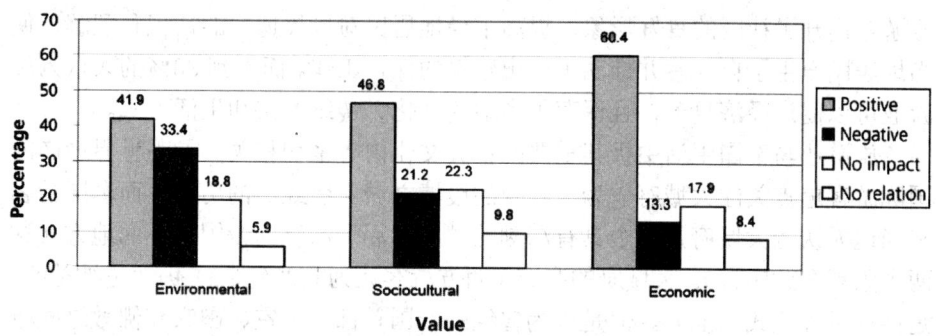

图6.1 旅游对环境、社会文化和经济价值的影响

四、社区价值观和伦理问题[①]

在受访者做出的评论中，旅游业凸显了重大的伦理问题。一方面，社区高度重视旅游给大城府带来的经济机遇，这也是许多旅游影响研究一致认同的。但是，数据也揭示出旅游带来的经济成果没有进行完全公平的分配，大量的一日游游客涌入、旅游的季节性和2004年海啸等对客流量产生不确定性影响，导致旅游经营者、供应商和在遗产公园工作的导游对旅游经济可持续性问题产生忧虑。大城府与曼谷的距离很近，这既是一个区位优势，又可看作一个"魔咒"。优势是因为地理距离近意味着拥有较大的客流量（尤其是与素可泰世界遗产相比，后者是一个早期的皇家首都，在曼谷以北约420公里），但问题是曼谷每晚都会吸引游客回去吃饭、购物、住宿，这对大城府的住宿业来说是非常不利的。研究还显示出，在旅游过程中，当地人的部分行为从道德上令人感到不安，如游客被当地经营者和嘟嘟车司机欺骗。

受访者表示旅游的发展对环境也有显著的影响。40%的受访者表示旅游业引起了交通拥堵和安全问题，以及遗产区内的停车问题；将近50%的受访者关心每天在城市里通行的汽车和小巴士造成的空气质量问题。然而，与这些消极因素相反，当地社区超过80%的人认为旅游业对他们自身产生了积极影响，如

---

① 由于西方与佛教的概念和表达方式不同，"伦理"一词的使用可能会产生理解上的问题。在这里刻意使用这个词，因为它在表达泰国思想和泰国观念的中心地位上有重要作用。佛教的"伦理"涉及依照达摩（或"自然"法则）生活来产生幸福和满足，而不要违背并产生苦难（Keown, 1996）。这不是有关是否遵循正确和错误的道德准则，而是关于"正念"以及作为克服依恋和欲望的动机和意图（Gethin, 1998; Trainor, 2001）。这是最接近苏格拉底和亚里士多德的伦理思想，是通过智慧和勇气以幸福为终点的良性生活的自我实现。佛教伦理学也与20世纪西方伦理学那些关注于辨别原理的话语产生共鸣。虽然西方伦理不像佛教伦理，但西方社会的行动与意图和佛教伦理相比，其相似度是非常明显的（Irwin, 2007）。这里至关重要的是，无论是西方哲学还是佛教哲学，道德都不能简化为道德规范。

旅游业提升了社区的良好形象，提高了当地居民对世界遗产的认识和理解，使当地居民产生了自豪感并推动了历史建筑的保护工作。而不到80%的人认为旅游业可以促进经济复苏，且保存了当地的文化、传统习俗和生活方式。

旅游业与泰国生活中极其重要的社会文化内容密切相关。参观世界遗产的国际游客重点关注大城府作为"壮观的废墟之城"所经历的历史，而泰国游客和当地人认为大城府是一个具有深刻的精神内涵和深沉的爱国情怀的地方（这两个因素在此融合）。大城府的寺庙（西方游客认为的"废墟"）仍然是神圣的，是佛教举行仪式的地方。但是作为曾经的泰国首都，皇室、国家和佛教这些概念的融合同样重要，而大城府也成为泰国的一个身份构建和表达情感的地方（Peleggi，2007）。

在修道院区的旅游是相当重要的，因为游客喜欢当地服装以及其他现场交互体验，"遗产地的和平"也因此形成。它取决于遗产地信仰的本质，以及泰国人对佛教和君主制的尊重。"宁静和平和"被泰国游客和当地人看作这些地方信仰的一种有代表性的表现。西方游客（约 3/4 的国际游客）也对此感到惊讶（Saipradist and Staiff，2007），因为泰国人的热情好客和泰国人对西方人的不安都很少直接传达给游客。但事实上，泰国话的 kreng-jai（害怕冒犯某人并照顾别人的感受）体现了泰国老一代居民对游客的回应，甚至是在面对不恰当行为的时候。举例来说，采用不适当方式拍摄佛像，穿短裤、爬上佛塔，甚至是把头放在一个头部失踪的佛陀雕像上等行为都是对当地人的冒犯。对当地人来说，不安不仅是 kreng-jai 的问题，也涉及用英语交流的恐惧和害羞。在未来，这方面可能会有所改变。更年轻的泰国人试图避免 kreng-jai，因为这让他们感到害怕，他们愿意说出自己的想法，更喜欢展现坚定的自信。英语语言能力是年轻一代尤其是旅游从业者普遍具备的技能，而这也使生活在大城府的导游和其他从业者更加敢于指出西方旅游者的不当行为。

西方游客无视当地文化的行为也不能全以无知为借口。在 2004 年进行的世界遗产地大城府的访问者调查显示，有 42.3%的游客使用旅游指南游览遗产地，而这些游客中大约 60%使用《孤独星球：泰国》。此外还有其他一些很好用的指南，比如《目击者旅行指南》（Dorling Kindersley），其中对礼仪、肢体语言与在寺庙的着装和行为规范进行了详细的介绍（Saipradist and Staiff，2007）。在古城大城府，同样也有关于不当行为的警示标志。

因此在旅游者"入侵"圣地的情况下，伦理问题的界定是清晰明了的。因夜生活出现的伦理问题也同样明显，但旅游是否是问题的根源还远未确定。研究表明，相较于曼谷及泰国其他受欢迎的旅游景点，大城府的夜生活场所（酒吧、迪斯科等）还是较少的，其中一个原因与旅游模式有关。大多数时候，大城府的游客都是不过夜的游客，即使观看了遗产公园的夜晚灯光和声音表演，大部分人还是会回到曼谷的酒店。不过，城市里的几个"夜景"也是当地社区关注这一问题的试金石。

其实原因很复杂。以家庭生活为中心，是泰国强大的社会关系层次结构的特点。因此，在家庭中最高级别的尊重是留给祖父母和父母的。而不论什么年龄的孩子，都对他们的长辈和家庭负有责任。因此，夜总会虽然是被允许开放的公共空间（如同市场和寺庙），但它是一个与家庭理念相违背的"空间"。此外，夜总会与酗酒、毒品消费、犯罪和放任的性道德问题总是相互关联的。对于泰国的年轻人来说，进入夜总会，或者成为夜总会的一部分，不仅与可疑的地方和行为联系在一起，且往往被看作侮辱家庭的价值观和没有家庭责任感。从总体上来说，酒类消费还没有成为泰国青少年生活的一部分。然而，酒精消费通常与西方游客密切相关，尤其是西方年轻游客。因为在曼谷、芭堤雅、普吉岛和许多岛屿度假村中，西方人对酒吧的"派对"氛围情有独钟。因此不管怎么说，夜总会一定会与旅游联系在一起。所谓的"青年腐败"一直是政府近年来所关心的问题，政府通过强制提前关闭俱乐部和酒吧来控制夜生活的问题。这个禁令与旅游业无关，但是颁布禁令主要原因之一是全社会对十几岁青少年组成的摩托车团伙的关注，他们在夜间骚扰社区居民，并做出了关于性方面的骚扰行为。尤其是在媒体上，这些帮派已经站到了家族、社区关系和责任的对立面。青少年帮派角色的形成，强化了夜生活对泰国青少年有害的想法。因此，在大城府居民调查中夜生活和旅游业之间的负面联系是既可以预测又可以理解的。

尽管如此，与历史公园的"宁静与平和"不同，旅游在夜生活中所发挥的作用和旅游所代表的一切还远未明确。夜生活带来的伦理困境可能还有另一个与之相关的同伴——现代性。

五、旅游和现代性

旅游与现代化之间的关系已得到学术领域相当多的关注（Wang，2000）。它是旅游发展研究（Sharpley and Telfer，2002）、全球化与旅游研究的一个核心主题（Meethan，2001），也激发了旅游和文化之间的关系的研究（Robinson and Picard，2006；Smith，2003），以及人类学关于旅游产生的文化影响的研究（Picard，1996；Bruner，2005；Cole，2008）。

最近在泰国的研究（Staiff and Promsit，2005；Theerapappisit and Staiff，2006）

已经说明了现代化带来的变化和旅游带来的变化是难以区分的，而旅游本身就是现代化进程的一个载体。一项关于旅游文化影响的研究在几个小街道（sois）之间进行文化表征对比，具体来讲就是在公认的旅游空间（芭堤雅）与非旅游空间（曼谷的塔农·拉什恰瓦提街）的小街道进行文化表征的比较，结果发现相似性远远超过了差异性。由此可以看出，无论是否在旅游区，文化变迁都是一个主要的驱动因素，都有现代化和与之相伴的特点：全球化、商品化（展示文化）转型、发展、资本主义、消费、流动性、大众传播、本地和全球的分化与非分化等。在将旅游作为一个独特的实体和一个将"消失"变为现代化的标志进行研究时，现代化无论如何都能比旅游更好地描述地区发生的变化（Staiff and Promsit，2005）。

从对泰北三个村庄的旅游发展认知的研究也得出了类似的结论。在村一级，旅游的角色和影响（包括正面和负面影响）与现代化交织在一起。村民们发现，他们更倾向于从整体上看待问题和情况的变化，比如说从基础设施发展（如道路）到主客语言障碍。在西方，这种方式叫作多角度全方位看待问题。从概念上讲，泰国的研究参与者认为现代化引起的变化（各种各样的矛盾）和旅游带来的影响并没有什么不同。事实上，他们认为这两者是一样的（Theerapappisit and Staiff，2006）。

六、现代化、旅游业和社区价值观

对大城府社区价值和旅游感知的研究发现了一系列问题，这些问题在其他东南亚旅游研究中也发现了（Hitchcock et al.，1993；Teo et al.，2001）。从就业和收入的增加带来的生活标准提高方面来说，毫无疑问，旅游带来的经济效益是积极的。在像泰国这样的国家，入境旅游对外汇收入的影响是至关重要的。2006年有1382万人来此旅游，大概产生了98亿欧元的收入（TAT，2008）。事实上，这些旅游带来的经济效益与普遍的经济发展有关。随着全球经济的高速增长和技术的发展，泰国的经济也随全球化而发展，这使泰国人民的生活水平逐渐提高，也让消费资本主义的发展出现了高潮。20世纪80年代的人们认为，偏远乡村获得电力是农村发展的象征，而现在的标志是电视、DVD播放机、冰箱和洗衣机的使用。这就是泰国的困境。不论是道路、运输、家用电器、科技农业、数字技术、城市化，还是商场，泰国人人都享有现代化带来的好处，但这些因素对社会和文化系统也是潜在的、动态的威胁，至少会引起其变化与紧张（Askew，2002）。有研究显示，在旅游体验中，旅游业想要寻求一种融合现代与传统、不威胁其他人的生活方式、将社区参与融入其中的"混合模式"

(Theerapappisit and Staiff, 2006)。人们发现,这种模式要么需要压制旅游带来的威胁,要么会忽视或忽略传统生活方式的发展后果。以上对社区层面的看法,并不完全承认以下观点:文化是动态的、有活力的,或者总是充满矛盾与对抗,并且是人们实践的标志和产物(Benhabib,2002;Tanabe,2008)。

在大城府,人们认为经济利益与对"宁静和平和"的尊重的价值是相当的(和对宁静的景观的态度相似),这是与圣洁的佛教冥想和举行仪式的地方有关。然而,夜总会却是一种与全球化和社会变化相关的试金石。对年轻一代的泰国人来说,对外国游客不恰当行为的关注和对"传统价值观"的尊重,以及对现代性的焦虑,与因外国游客带来经济效益而可以购买不同的商品和现代化带来的好处难分伯仲。从这个角度来看,西方游客为泰国带来的深受争议的现代化,既是现代化的标志,也是社会和文化形态的化身(Askew,2002;Peleggi,2007;Tanabe,2008)。

七、结论:在我们中间的陌生人

综上所述,从道德上来说,这是复杂的。大城府的旅游业发展,由城市中陌生人的不断来往引起了一系列可见的矛盾,这就被城市中的居民看作经济效益与各种其他价值观不可避免的对抗。阿皮亚(Kwame Anthony Appiah)认为"陌生世界中的伦理"(2006),即不同行为的存在,其本身并不意味着"文化"污染和"文化"冲突会经常发生,而是要归因于所谓的"主客"旅游关系(Robinson and Boniface,1999)。这又让我们想到了伍德的台球比喻,所以管理学科经常存在这样的概念化。如果大城府的居民将旅游业和夜生活的发展看作道德层面的问题,那么它们对年轻人的影响被泰国人看作"文化污染"必然是以这两件事情为前提的:首先,需要一个必不可少且不变的文化;其次,"文化"是一个实体,像一个台球,可以采取行动。然而这些都不是一些真命题。阿皮亚认为"陌生人在我们中"的"不同行为"被解读的方式有很多,包括搞清楚什么是当地人所看中的、他们为什么会看中这些事物。在本章的案例中,就是要弄清在大城府生活和工作的人看中的东西以及他们重视这些东西的原因。大城府社区成员的担忧是,面对历史公园与夜间的酒吧和迪斯科舞厅等现象,他们表达了需要"宁静和平和"的意见,这体现了游客和城市之间的互动,并鲜明地揭示了当地人所重视的事情。

这显然不是已被记录在案的旅游业对全世界自然、文化和社会环境构成的威胁。在许多世界遗产地,来自旅游业的压力值得关注。尽管如此,对大城府的研究表明,当地的实际情况在进行评估旅游影响时是关键因素。在游客众多的世界遗产地,因旅游业引起的复杂文化冲突使其相邻的社区产生的观念,和"现实"形成的情况一样都有很大的影响。因此,需要考虑世界遗产地的社区对游客现象的回应所占的适当权重,因为游客为这些社区的价值观的形成提供了一个窗口,同样也形成了旅游业对社区的挑战。

参考文献

1. Appiah, K.A. 2006. Cosmopolitanism: Ethics in a World of Strangers. New York/London, W.W. Norton and Company.

2. Askew, M. 2002. Bangkok: Place, Practice, Representation.London/New York, Routledge.

3. Benhabib, S. 2002. The Claims of Culture. Princeton, N.J./Oxford, UK, Princeton University Press.

4. Bruner, E. 2005. Culture on Tour: Ethnographies of Travel. Chicago, Ⅲ., Chicago University Press.

5. Cole, S. 2008. Tourism, Culture and Development: Hopes, Dreams and Realities in East Indonesia. Clevedon, UK, Channel View Publications.

6. Gethin, R. 1998. The Foundations of Buddhism. Oxford, UK, Oxford University Press.

7. Heidhues, M. 2000. Southeast Asia: A Concise History.London, Thames and Hudson.

8. Hitchcock, M., King, V. and Parnwell, M. (eds). 1993.Tourism in South East Asia. London/New York:Routledge.

9. Irwin, T. 2007. The Development of Ethics: A Historical and Critical Study. Oxford, UK, Oxford University Press.

10. Keown, D. 1996. Buddhism: A Very Short Introduction.Oxford, UK, Oxford University Press.

11. Leask, A. and Fyall, A. (eds). 2006. Managing World Heritage Sites. Oxford, UK, Butterworth-Heinemann.

12. Lekhakula, K. 2000. Ayutthaya: A World Heritage.Bangkok, Tourism Authority of Thailand.

13. Leksukhum, S. 2000. Ayutthaya World Heritage. Bangkok, Tourism Authority of Thailand.

14. Meethan, K. 2001. Tourism in Global Society: Place, Culture, Consumption.

New York, Palgrave.

15. Nanta, S. (ed). 2000. Thai Heritage, World Heritage. Bangkok, Fine Arts Department.

16. Peleggi, M. 2002. The Politics of Ruins and the Business of Nostalgia. Bangkok, White Lotus.

17. Peleggi, M. 2007. Thailand, the Worldly Kingdom. London, Reaktion Books.

18. Picard, M. 1996. Bali: Cultural Tourism and Touristic Culture (trans. D. Darling). Singapore, Archipelago Press.

19. Robinson, M. and Boniface, P. (eds). 1999. Tourism and Cultural Conflicts. Wallingford/New York, CABI Publishing.

20. Robinson, M. and Picard, D. 2006. Tourism, Culture and Sustainable Development. Paris, UNESCO.

21. Saipradist, A. 2005. A critical analysis of heritage interpretation for non-Thai cultural tourists at Ayutthaya World Heritage site. Ph.D. dissertation. Faculty of Architecture, Silpakorn University, Thailand.

22. Saipradist, A. and Staiff, R. 2007. Crossing the cultural divide: Western visitors and interpretation at Ayutthaya World Heritage site, Thailand. Journal of Heritage Tourism, Vol. 2, No. 3, pp. 211-24.

23. Sharpley, R. and Telfer, D. (eds). 2002. Tourism and Development: Concepts and Issues. Clevedon, UK, Channel View Publications.

24. Smith, M. 2003. Issues in Cultural Tourism Studies.London/New York, Routledge.

25. Staiff, R., Bushell, R. and Ongkhluap, S. 2007. Towards sustainable tourism: evaluating the perception of impacts of tourism on world heritage sites and associated communities-case study Ayutthaya Historic Park, Thailand. In: I. McDonnell, S. Grabowski and R. March (eds), Tourism Past Achievements, Future Challenges.CAUTHE Conference Proceedings. Sydney, University of Technology Sydney, CD-R: ISBN 7980646469980.

26. Staiff, R. and Promsit, S. 2005. The cultural impacts of tourism: a meditation on methodology using a Thai case-study. In: P. Tremblay and A. Boyle (eds), Sharing Tourism Knowledges. CAUTHE Conference Proceedings.Alice Springs/Darwin, Charles Darwin University, CD-R: ISBN 1876248971.

27. Tanabe, S. (ed). 2008. Imagining Communities in Thailand:Ethnographic Approaches. Chiang Mai, Thailand, Mekong Press.

28. TAT. 2000. Ayutthaya. Bangkok. Tourist Authority of Thailand.

29. TAT. 2008. Statistics from Tourist Authority of Thailand. www. tourismthailand. org (Accessed 14 January 2008.)

30. Teo, P., Chang, T. and Ho, K. (eds). 2001. Interconnected Worlds: Tourism in Southeast Asia. Oxford, UK, Pergamon.

31. Theerapappisit, P. and Staiff, R. 2006. Tourism and modernity: perceptions of tourism development in three northern villages. In: G. O'Mahony and P. Whitelaw (eds), To the City and Beyond. CAUTHE Conference Proceedings. Melbourne, Victoria University, pp. 1066-1086.

32. Trainor, K. (ed). 2001. Buddhism. London, Duncan Baird.

33. WHC. 2005. Basic Texts of the 1972 World Heritage Convention. Paris, UNESCO World Heritage Centre.

34. Wang, N. 2000. Tourism and Modernity: A Sociological Analysis. Oxford, UK, Pergamon.

35. Wood, R. 1993. Tourism, culture and the sociology of development. In: Hitchcock et al. (eds), op. cit., pp: 58-70.

第七章 关于世界遗产地的战略传播、旅游业和当地社区的网络应用

劳拉·特鲁埃尔（Lola Teruel）和玛丽·何塞·比尼亚尔斯（María José Viñals）

引言

联合国教科文组织帮助许多世界遗产旅游目的地提高了吸引力并为当地社区提供了机会。当地社区将旅游业作为一种发展的方式和优势，这可以使社区更好地保护和传承自己的价值观和文化。但是，当可持续发展的基本原则没有被很好地实施，大量游客涌入遗产地时，机会可能会成为威胁（Pedersen，2002）。世界遗产地的高客流量，突显了倡导可持续发展和旅游地保护的管理工具的重要性（Inskeep，1991；UNWTO，2005）。除了其他旅游管理工具，那些旨在促进和宣传目的地形象的工具也同样重要，不仅能促进相关信息的传播，而且可以实现其他战略目标。

游客与目的地互动的方式、动机和喜好以及所追求的活动等，使他们成为这些社交媒体一个特别重要的目标。简而言之，他们的经历形成了对目的地的最终评价，他们的评价可以为目的地发展做出贡献，并参与到目的地新产品和旅游活动的设计中去。本研究着眼于新的信息和通信技术（ICTs），特别是以互联网为基础的供游客与目的地进行联系和沟通的旅游信息技术。旅游体验通常是从在互联网上对目的地信息的搜集开始的。因此，互联网提供了沟通渠道和在旅行前获取信息的工具（Pan and Fesenmaier，2006）。

这里介绍的协议，都基于信息通信技术，特别是互联网技术的沟通与使用，信息通信技术作为一个渠道可以尽量减少负面影响，并在可持续管理世界遗产地或保护区的基础上提高旅游的可信度。这种协议涵盖了上述技术的使用，包

括所有相关利益者，特别是当地社区。

一、互联网和遗产旅游的管理：哪些技术工具可以用于旅游？

旅游业中，旅行社和酒店业务多年来一直在使用新技术作为营销产品与提供服务的工具。全球分销系统（GDS）和电脑化预订系统（CRS）目前可用于Expedia（Buhalis and Law，2008）这样的在线旅行社和互动营销门户网站，以方便消费者在线购买旅游产品。旅游目的地也发生了变化，它们推广、宣传和销售的方式受益于信息和通信的应用技术，特别是互联网（UNWTO，1999a，2001）。在互联网 Web 0.0—Web 2.0 发展的不同阶段，均与旅游地的宣传推广和世界遗产地的发展有着强烈的相关性。

互联网在第一阶段主要通过广告信息推广旅游目的地，并为旅客提供有用的信息（UNWTO，1999b）。第二阶段更加具有交互性，涵盖了目的地相关的管理组织（DMO）和电子商务（UNWTO，2001）的互动，并借助全球主要的分销系统实现预定功能。第三阶段，即 Web 2.0，以社交互动（Castells，2001）为主要特点，使用如博客、维基百科、虚拟社区等。更进一步说，涉及目的地策略的市场营销和沟通建模为社交互动提供了新的空间，为游客提供了机会，使他们能通过表达对目的地的意见来影响其他网民。另一个社交的结果是通过互动使用户参与选择过程，增强用户对世界提名的新七大奇观（New 7 Wonders，2007）等目的地的预期与兴趣，其中也涉及了某些其他类型目的地，包括世界遗产和保护区。

旅游趋势表明，"私人订制"旅行（UNWTO，1998；Buhalis and Law，2008）越来越多，而传统的包价游的比例在下降。这个趋势将需要大量的信息在相关利益者间流通，并要对这个流通信息进行控制。为了应对正在发生的变化，互联网作为一个信息管理的工具，为与目的地相关的本地参与者、当地社区、管理者和规划者提供了良好的优势和机遇。网络带来的创造力和轻松的管理模式无疑是一个很大的优势。对消费者来说，互联网的民主化已经涵盖了旅游产品的大规模消费和更便捷的目的地接入。普遍的 ICT 应用程序，尤其是互联网，提供的各种对旅游目的地的推广、营销和沟通功能如表 7.1 所示。然而，对世界各地的所有用户来说，目的地的技术标准并非是一样的。这个数据的收集与分析工作主要侧重于信息和通信技术的使用与发展标准。

表 7.1　与信息和通信技术相关的功能[①]

功能	优势	用户	信息或通信技术	网络发展阶段
信息	信息传播	旅游者 相关利益者	网站	Web 0.0
促销	资源使用能力增强	相关利益者	旅游门户	Web 1.0
市场营销	销售景点门票、活动门票和其他产品及服务	旅游业 相关利益者	数据库	Web 1.0
沟通	获取信息	相关利益者	电子邮件	Web 1.0
需求发现	对供给创造的影响	计划者/管理者 相关利益者	简单问卷	Web 1.0
训练	虚拟教室	相关利益者	培训平台	Web 1.0
社交	获得信息 影响消费者习惯 评估消费者偏好	相关利益者	微博 网页 维基百科	Web 2.0
引入流量	信息 促进发展 引起共识	相关利益者 当地社区	内部网络 电子邮件	Web 2.0
资金	寻找资金 创建国际网络 分享信息	相关利益者 旅游者 居民	志愿者活动 银行业务	Web 2.0
旅游管理	控制旅游承载力	相关利益者 计划者/管理者	数据库 网页	Web 2.0

二、互联网作为旅游目的地可持续管理工具的潜力

考虑到需要采取行动来控制旅游业的发展，并采用可持续的方式为目的地创造财富，联合国教科文组织正沿着可持续旅游的三大主线制定一系列行动方案（WHC，2001）：

第一，发展和扩展世界遗产旅游项目框架，要加强管理能力并提供可替代性的生计以促进其保护；

第二，建立战略伙伴关系以支持可持续的旅游业发展，并将其作为世界遗产地的保护工具；

[①] 资料来源：Adapted from Carbonara，2005。

第三，在处理旅游业的相关问题时，世界遗产委员会、缔约方、世界遗产中心和外地办事处应相互协作。

这些原则的提出基于旅游经营者和当地社区的互动。从理论上讲，后者与世界遗产地相关工作的联系和对相关工作的参与是至关重要的，但在实践中这并不总是被凸显出来。在某些目的地，不是所有的利益相关者都可以平等参与。想要将游客带到世界遗产地和保护区的旅游经营者需要依靠基础设施，所以他们以公园收入的形式做贡献，包括入场费和纪念品的销售，但没有与网站有任何密切的合作。因此，这种关系是不公平的，目的地的发展和旅游业之间没有达到平衡。

这里介绍的世界遗产可持续旅游所制定的原则计划（WHC，2001）和其他国际章程（UNWTO，1995，2001；UNEP，2002）试图从旅游业，特别是旅游经营者、其他利益相关方和当地社区层面解决这个问题。为当地社区的利益着想，需要审视联合国教科文组织、联合国及其他国际机构的准则和公约是否适用于当地社区。因此，这个协议的修订可能会明确一系列有关的项目指标，如充分利用宣言背后的资源、文化和价值，推动当地社区制度的建立和互联网的使用。该协议包括20个问题，用以测评互联网在一个为旅游业管理自然和文化遗产的项目中作为营销和沟通工具的潜力。

调查以问卷的方式进行，需要采访世界遗产地的管理者，如佩特拉（约旦）或科潘的玛雅遗址（洪都拉斯）等目的地的管理者。问卷的第一部分内容涉及网页发行机构的网站、显示的信息种类、更新等。第二部分内容着重于网页内容和旅游业与当地社区的关系。第三部分分析了技术水平的发展及提供给网页用户的渠道。这种方法可以推广到对其他媒体的测评上，如测评发放传单或使用视听媒体的效果。互联网有与其他媒体相比更强的竞争优势，如能够提供有关的即时答复、能发现需求以及实现营销功能（通过电脑系统预订门票）并通过电子邮件反馈意见。这些数据从30个网站收集而来，主要涉及因其自然价值而成为世界遗产地的欧洲和南北美洲的景点。

调查问卷的各个部分如下：

第一部分，采用这种方法的主要目标是分析网站的正式组成部分（内容和技术）。因此，对各要素的分析更多地强调与信息发布和发布内容责任相关的要素。网页制作者需要检查网页是否已经更新，通过搜索引擎可以出现多少世界遗产相关网页；测评包括对"如何拥有更好的旅游体验"的实际建议在内的旅行信息的实用性；这需要调查信息的获取是通过技术设置即可满足，还是要应用特殊的软件。

第二部分，问卷制定基于联合国教科文组织在其"可持续旅游项目"中提出的行动，表7.2是针对主线的。

第三部分，包括调查网站技术（如电子邮件地址）、保留的数据库、实时查看目的地的网络摄像头和在线支付预订的机会。

表7.2 有关联合国教科文组织提出的"可持续旅游项目"的问题

行为	问题
建立应对旅游业的世界遗产管理能力	这是否包括或与一些当地公司有联系
培训当地社区的居民参与到与旅游业相关的活动及环境和文化保护中，并获得旅游业带来的收益	是否提供导游服务 谁安排了这些
帮助旅游地周围的社区做产品营销，把世界遗产作为地方经济的杠杆，为社会和文化的发展服务	其他的公司是否会提供给游客一些相关服务
提高公众对世界遗产突出普遍价值的认识，建立自豪感，并通过关于保护的教育，促进当地社区与游客的跨文化交流	什么样的主题会出现在网站上 这些主题是否有相应的提名标准 有哪些提到的资源条目
使用旅游产生的基金来支付遗产地的保护开销	对目的地来说，是否可能给它财政捐助 是否有一些志愿者项目
开展一些学习其他遗产地和保护区的课程	是否开展一些公共课程，如一日会议、展览会、研讨会等
考虑到1972年《世界遗产公约》和其他联合国教科文组织旅游项目活动的公约，以及对国家和地方公共旅游部门、旅游业官员和游客的政策，要对他们的目标给予更大关注	世界遗产网站的标志是否明显 对世界遗产地的工作，是包括遗产保护，还是只针对旅游业发展

三、互联网和当地社区：旅游管理和沟通的工具——制定一个战略沟通计划（SCP）

下面将逐一阐述对世界遗产地上述调查的研究结果。所获得的技能包含在战略沟通计划中（SCP），作为交流工具能使目的地管理者、规划者和当地社区获得经济、社会和环境效益，这将有助于保护和宣传这些已收录的世界遗产地的文化和价值。可能的优势包括资金支持、通过信息提高认识（IUCN，2004）、当地参与者的能力建设、对旅游业的促进和推广及与游客的沟通。信息通信技术的突出潜力是由保存、收集和传播文化、知识的功能构成的（Chikonzo，2006）。

SCP使用互联网作为沟通渠道，其中网络是定义内容和规划的媒介，是管理和旅游相关的事务的工具，是世界遗产目的地的通信手段。根据世界遗产地的普遍原则，实现战略沟通计划的目标可以为在目的地实施可持续旅游管理做出贡献。

目标1：能力建设。SCP的第一个目标是能力的建设或强化，旨在加强世界遗产旅游地的管理。

互联网成为获取和分享旅游目的地信息的渠道，因此需要通过网站进行公司工作的内部沟通（内联网），甚至把搜索二手资料来源也作为目标的一部分。同样，内联网提供的特定的信息计算是一种"虚拟参与工具"，使虚拟参与过程可以在当地经理或当地社区的参与下发展。以美国黄石公园的网站为例，一个通信系统可以根据需求持续地提供信息，建立访问者配置文件并满足相应需求。同样，互联网使当地的参与者可以在线使用各种资源接受培训（如专业典型的工艺课程、当地文化、美食、树木保护、景观镶嵌体等），目的是保护当地文化。当地社区人员可以作为导游参与遗产保护，而网络是为这种能力建设提供的虚拟培训媒介（Hernandez and Viñals，2007）。

SCP的另一个功能是通过一些包括旅游经营者门票销售管理系统在内的游览管理系统监测旅游地的承载能力。这个功能提高了旅游业（旅游运营商）和当地社区之间信息沟通的效率和质量，因为它可以提供游客档案、喜欢和偏好等信息。这些信息通过一个小的互联网调查定期收集，可作为资料存储进"需求观察站"以使供给适应需求。应用这个访客控制功能的例子是西班牙的阿尔罕布拉宫、格内拉里弗宫、阿尔拜辛区和格拉纳达，它们的网站上有一个观察每日访客的访客管理系统，并可以通过在线门票销售来控制流量。

目标2：提高遗产地保护意识。SCP的第二个目标是通过实施与标志、道德行为守则、良好的企业行为、翻译、团队指导和展板等有关的行为，增强目的地实地的信息呈现能力。这个目标力求增加游客和其他当地参与者的目的地保护意识（Viñals，2002）。

根据《布达佩斯宣言》（2002），沟通是提高公共意识、增强公众支持和参与世界遗产保护的手段。内容是至关重要的，并且必须旨在提高这些社会角色（包括内部和外部的游客、经理与旅游业利益相关者）的资源保护意识。我们的研究分析了来自旅游公司和相关机构的信息，揭示了被收录在《世界遗产名录》中对目的地发展的重要性，这可以增加其销售的潜力。然而我们没有从保护方面进行思考。

被提名为世界遗产地偶尔可以宣传目的地的"良好形象"。这样的信息，由公共和私营部门发布，是以资源属性存在的，而不是以吉尼斯世界纪录的风格存在的（最高、最老等）。很少有人提到资源脆弱性，或文化和历史事实信息传播的重要性。总之，名录上的其他标准很少被提及。例如，埃尔切帕梅拉尔（西班牙）已经建设好了与众不同的网站。事实上，此地既是北非阿拉伯人将他们的灌溉系统技术移植到欧洲的范例，也是水文化可持续价值观的范例，因此被收录到《世界遗产名录》中。如果不是依靠网络传播，游客们仍然不知道这些细节。

对于一些特定词语如"促进尊重""接受当地生活方式""尊重行为""保护""脆弱"等，调查者通过测算这些词在单位网页中的使用频率来评估网页"提高认识"的能力。通过战略沟通增强意识，可以通过以下手段进一步放大其作用：

（1）通过旅游广告传达保护信息。

（2）与旅游管理者合作，为当地社区建立认证的"伙伴关系"信息系统（PIP），即制定旅游信息和目的地服务规则（Galiano et al., 2007）。

（3）公布和传播良好的做法（礼节、道德、良好做法和规则）（IUCN, 2004）。

目标3：保存遗产地资金。这个目标可以通过SCP来实现，即搜索和确定将用于遗产地保护的资金来源。在网页上可以通过展示的方式获得资金并使有兴趣的志愿者参与到目的地保护中，为当地社区服务。完成这个目标的例子不多。例如，美国国家公园服务网站有一个名为"参与"的项目，是邀请人们作为志愿者参加的。

目标4：沟通。这个目标是通过互联网收集有兴趣的潜在游客的数据，为旅游目的地提供直接联系游客的机会。SCP可以使用特定手段直接联系游客，甚至为旅游者和观光者通过电子邮件、博客、虚拟平台进行个人定制。

通过互联网实现游客与当地社区联系的一个案例是世界遗产地圣米歇尔山和它的湾口（法国），这个案例涉及了本地公司如纪念品商店、餐馆和住宿服务企业。伊瓜苏国家公园（处于巴西和阿根廷交界）的网页（Iguazú Argentina.com）包含了当地公司的各种参考信息，并提供了访问当地公司的特别链接。

在最初的规划阶段，不管他们的旅行目的是什么（商务、休闲等），游客都希望能预先确定他们的旅行计划，然后在网站上分享他们不同阶段的旅游体验。他们利用网络获取目的地的信息，之后使用互联网预订航班、购买包价游套餐、从博客收集更多的信息……旅游后，游客回到互联网，在博客中分享或创建自己的栏目，以便分享照片或视频、重温自己的旅游体验等。

目标5：促进旅游业发展。当地社区使用互联网进行宣传、推广，是可以被理解为有形和无形的资源的使用。它涉及多种行为，最常见的是推动当地管理人员开展的机构联合行为。采取目的地推广性的或机构性的行为为当地社区带来的好处都是双重的。一方面，机构网站提供了由自身发起的与游客亲密联系的服务优势；另一方面，公司通过搜索引擎对遗产地的名称搜索的定位会更准确（谷歌、雅虎等）。

另一种可能的推广措施是通过网站创造国家和国际共同利益。许多中美洲世界遗产自然公园也迎合了大自然保护协会等组织的倡议。例如，世界遗产地和生物圈保护区里奥普拉塔诺生物圈保护区（洪都拉斯）的旅游经营者也偶尔会提供信息，而这主要是由开发并管理这个网站的非政府组织进行的事务。

目标6：营销。关于遗产，地方社区市场旅游产品、工艺品和服务需要按技术水平确定营销策略。

在一个小型本地企业和大型连锁酒店共存的地方，技术差异可能会很明显。大型企业和连锁酒店需要更多先进技术和企业培训来方便游客访问。但小企业并不总是如此，在提升和利用目的地资源的意义上，小企业满足了目的地对它们推动当地发展的期望，但没有满足目的地对它们营销成果的期望。营销需要含有数据库的复杂网站和虚拟的银行支付系统，建立这些系统需要更多的技术和技术管理技能。

《布达佩斯宣言》（2002）中坚持将世界遗产保护的沟通价值作为追求的目标，通过互联网提升了管理世界遗产旅游目的地交流工具的能力。战略沟通计划可以作为为旅游目的地社区提供综合服务管理、规划和推广旅游的工具，以达到社区所期望的发展水平。根据需求的趋势，这个技术工具可以为当地社区和管理者或规划者所使用，但需要明确的定义和计划，以实现最佳结果（Smith，1997；Hanna and Millar，1997）。网站收集的信息显示，许多世界遗产地的私人和公共网站都提供居民和爱好者等群体的旅游描述信息。网站为旅游者和进入者提供了之前游览者写下的有关主要资源的评论和意见等各种有效信息。

作为结论，这6个目标试图成为遗产保护和旅游之间沟通的桥梁。在本章和以往研究中发现的这些差距是可以通过合理的计划和技术资源的使用、更新而缓解的。在当今社会，遗产地可以利用这些新的信息和通信技术改变旅游消费者行为，也可以更好地保护和利用遗产。

参考文献：

1. Aas, C., Ladkin, A. and Fletcher, J. 2005. Stakeholder collaboration and heritage management. Annals of Tourism Research, Vol. 32, No. 1, pp. 28-48.

2. Buhalis, D. and Law, R. 2008. Progress In information technology and tourism management: 20 years on and 10 years after the Internet—the state of

eTourism research. Tourism Management, Vol. 29, pp. 609-23.

3. Carbonara, N. 2005. Information and communication technology and geographical clusters: opportunities and spread. Technovation, Vol. 25, pp. 213-22.

4. Castells, M. 2001. La era de la información. Vol. 1. La sociedad red. Madrid, Alianza Editorial.

5. Chikonzo, A. 2006. The potential of information and communication technologies in collecting, preserving and disseminating indigenous knowledge in Africa. The International Information & Library Review, Vol. 38, pp. 132-38.

6. Flores, S. and Teruel, L. 2002. Nuevas tecnologías aplicadas a la actividad turística. In: M.J. Viñals (ed.), Turismo en espacios naturales y rurales II. Valencia, Spain, Universitat Politècnica de València, pp. 285-304.

7. Galiano, A., Viñals, M.J. and Teruel, L. 2007. Estudio para la elaboración de líneas directrices de un sistema de acreditación para el sector turístico como colaborador en materia de información y promoción sostenible de los espacios naturales protegidos de la Comunidad Valenciana. Valencia, Spain, Conselleria Medio Ambiente de la Generalitat Valenciana. (Unpublished report.)

8. Hanna, J.R.P. and Millar, R.J. 1997. Promoting tourism on the internet. Tourism Management, Vol. 18, No. 7, pp. 469-70.

9. Hernández, C. and Viñals, M.J. 2007. Formación en el uso de las tecnologías de Internet en el centro de visitantes Marjal de Gandia. Memorias 6th Conferencia Iberoamericana en Sistemas, Cibernética e Informática (CISCI, 2006). International Institute of Informatics and Systemics, pp. 245-50.

10. Inskeep, E. 1991. Tourism Planning. An Integrated and Sustainable Development Approach. Hoboken, N.J., Wiley.

11. IUCN. 2004. Recommendations on the role and impact of education and communication for protected areas management in Latin America. In: D. Hamu, E. Auchincloss and W. Goldstein (eds), Communicating Protected Areas. Geneva, International Union for Conservation of Nature, pp. 3-8.

12. Pan, B. and Fesenmaier, D.R. 2006. Online information search. Vacation planning process. Annals of Tourism Research, Vol. 33, No. 3, pp. 809-32.

13. Pedersen, A. 2002. Managing Tourism at World Heritage Sites. Paris, UNESCO World Heritage Centre.

14. Smith, A.G. 1997. Testing the surf: criteria for evaluation internet

information resources. Public-Access Computer Systems Review, Vol. 8, No. 3, pp. 1-14.

15. UNWTO. 1995. La Carta del Turismo Sostenible. Conferencia Mundial de Turismo Sostenible, Lanzarote, Canary Islands. Madrid, UN World Tourism Organization.

16. UNWTO. 1998. Turismo, Panorama 2020: Avance actualizado. Madrid, UN World Tourism Organization.

17. UNWTO. 1999a. Marketing Tourism Destination Online, Strategies for the Information Age. Madrid, UN World Tourism Organization Business Council.

18. UNWTO. 1999b. Promoción de destinos turísticos en el ciberespacio. Retos del marketing electronic. Madrid, UN World Tourism Organization.

19. UNWTO. 2001. Comercio electrónico y turismo: guía práctica para destinos y empresas. Madrid, World Tourism Organization Business Council.

20. UNWTO. 2002. Québec Declaration on Ecotourism. United Nations Environment Programme/UN World Tourism Organization. 19-22 May 2002.

21. UNWTO. 2005. Tourism Potential as a Sustainable Development Strategy. Madrid, World Tourism Organization Education Council.

22. UNWTO/ICOMOS. 1993. Tourism at World Heritage Cultural Sites. The Site Manager Hand Book. Madrid, World Tourism Organization.

23. Viñals, M.J. (ed.). 2002. Herramientas para la gestión del turismo sostenible en humedales. 4 vols. Organismo Autónomo de Parques Nacionales, Ministerio de Medio Ambiente.

网络资源：

1. Asociación Pedagógicay Cultural Alhambra.n.d. http://www.alhambra.org (Accessed 12 December 2007.)

2. Centre des Monuments Nationaux.n.d. http://www.monuments-nationaux.fr/fr/recherche/?q=Mont-Saint-Michel+/ (Accessed 23 March 2010.)

3. Institutde Turisme d'Elx. http://turismedelx.com/en/ (Accessed 3 February 2008.)

4. New7Wonders. 2007. http://www.new7wonders.com(Accessed 15 December 2007.)

5. National Park Service. n.d. US Department of the Interior. http://www.

nps.gov/yell/ (Accessed 12 December 2007.)

6. The Nature Conservancy. http/www.nature.org (Accessed 11 December 2007.)

7. Turespaña. http://www.spain.info/conoce/monumentos/alicante/palmeral_de_elche.html?l=es http://www.spain.info/?l=en http://www.comunitatvalenciana.com/municipio/costa-blanca-elx/elche-0 (Accessed 3 February 2008.)

8. UNEP. 2002. United Nations Environment Programme, Tourism and Environment Programme. http://www.uneptie.org/tourism/policy/principles.htm (Accessed 6 March 2006.)

9. WHC. 2001. World Heritage Sustainable Tourism Programme. http://whc.unesco.org/en/sustainabletour-ism (Accessed 12 December 2007.)

第三部分
社区对世界遗产价值的侵占

第八章 世界遗产与当地价值之间的紧张关系
——以澳大利亚的弗里曼特尔监狱为例

安德列·威特科姆（Andrea Witcomb）

简介

  澳大利亚政府一直致力于在《世界遗产名录》上提名一系列澳大利亚的监狱遗址。这项工作始于1995年，但是直到2008年该遗址才将提名付诸实践（澳大利亚监狱遗址在2010年最终成功申报为世界遗产）。本章分析了它的一系列监狱遗址中的一个案例——弗里曼特尔监狱，它的遗产管理和遗产诠释给后人带来的一些启示。在分析遗产管理意义的过程中，关于遗址地是否有世界遗产意义的问题没有被提及，关注的焦点在于分析提名的过程对遗址的管理和诠释产生的影响。人们争论的焦点在于：这种影响是消极的，提名影响了遗址的保护和诠释，并将遗址的意义变得令人难以接受，损害了遗址的历史完整性，以及公众就其历史性或正义性和惩罚制度的性质进行公开辩论的能力。因此，争议的目的在于探讨是否有必要开发出一套程序，在不同遗产制度下确定不同层次遗产的意义，同时不强加一个等级管理制度。此举的意义在于，从世界遗产的角度来看，并不会以管理和诠释遗产地的方式模糊或者掩盖规模较小、范围较窄的遗产地。

  考虑到遗产是被创造而不是被赋予的（Kirschenblatt-Gimblett, 1998; Smith, 2006），营造重要性等级的过程不可避免地要融入文化、经济和政治环境。在将历史遗迹作为遗产景观的一部分时，我们不可避免地参与了一个文化过程，在这个过程中，过去有形的和无形的方面都被赋予了现在的意义。使这个过程更加明朗的一个方法是在我们的分析中强调把遗址变成遗产的过程，而不是强调遗址、物体或传统本身。这样做就有可能揭示出遗产认同中的政治因素，从而开辟一个空间。在这个空间里，可以询问在诠释遗产重要性过程中所做出的选择。有人建议，就弗里曼特尔监狱而言，虽然该遗址作为澳大利亚罪犯遗址的一部分，提名为世界遗产是值得赞赏的，但它会影响遗产的解释性框架——现在如何营销、保存和诠释遗址。这些解释性框架的范围被大大缩小了。

遗产意义范围的渐渐缩小表现为遗址历史的复杂性在向公众展现过程中慢慢消失，将遗址和当前关心的现实问题相联系的可能性也大大降低。与此同时，认识到将确认的价值观作为提名程序的一部分是至关重要的。因为该遗址具有显著的完整性，它在保存澳大利亚人被强迫迁移历史的相关证据方面起着重要的作用，而且还证实了这样一个观点，即在澳大利亚留存的关于被迫迁徙历史的相关物证是重要的，这值得列入《世界遗产名录》中。因而问题不在于这个遗址是否值得作为监狱遗址系列提名的一部分，而在于宣称它的普遍意义时需要采取什么样的流程来确保在其他层面的意义不会被遗忘。

劳拉简·史密斯（Laurajane Smith，2006）最近在她的《遗产的用途》一书中提出，西方遗产体系是建立在一系列西方文化价值基础之上的。这些价值观优先考虑物质世界、西方美学文本与对完整性原则相关的意义和真实性概念等级的理解。这些价值通过官方章程，例如《世界遗产公约》和其他的世界遗产列入程序表现出来；同时，这些价值还可以被一些复杂的、多层次的意义系统表达出来，特别是那些基于社会和非物质因素表达的部分。《世界遗产名录》的标准加剧了这一问题，因为需要对一种被公认为具有普遍意义的价值提出要求。对普遍性的主张不可避免地使复杂的事物简单化，而在这个过程中，在更局部的层面上模糊了意义的多样性。在这个过程中，历史的层次性往往被遗忘，有时甚至被抹去。遗产专业人士的担忧加剧了这种危险，他们参与对遗产追根溯源、辨识遗产的真实性以确认遗产的重要性。这些工作与时间进程相冲突，而时间进程是一个为遗产地增加经验、结构和意义的过程。如果遗址没有遭受到损坏或者最近没有被使用，那么问题大概不会很严重。然而，如果这个遗址在记忆中是"活"着的，故事将会很不一样。在某种程度上，促进对遗产价值的静态理解是为了表达一种普遍的文化遗产价值，然而将会抹杀其他意义和其他价值共存的可能性。持续使用的历史、意义的范围和向公众讲述这段历史的过程中遗产与其他事物存在的联系都存在潜在的危险，正如以下分析所示，弗里曼特尔监狱向游客提供的意义范围正在缩小。

一、世界遗产和弗里曼特尔监狱的当地价值

关于西澳大利亚州弗里曼特尔监狱（Fremantle Prison），最引人注目的事情并不是它是由罪犯建造的。西澳大利亚及澳大利亚还有很多其他建筑也是由罪

犯建造的。与众不同的是，这个地方是由囚犯建造和占领的，直到1991年10月才被继续用作监狱，但其物理实体结构没有重大变化。这使得它在澳大利亚19世纪的监狱遗址中有许多独一无二之处。首先，该地一直被囚犯占领的历史意味着这个地方并不像其他著名的类似地区，如亚瑟港一样处于废墟之中。其次，由于目的的连贯性、资金缺乏、环境保护等原因，几乎没有必要对设施进行更新，现场几乎完好无损。因此，它忠实地记录了一个被囚犯建造的监狱的外貌和人们的感受，并提供了有关刑罚程序哲学的、物理的、感性的阐释。再次，通过从殖民时期到现在近150多年中遗留下来的画在墙上的标志、涂鸦作品和大量的艺术作品，我们可以接触到监狱过往的文化。这些作品很多都是由土著囚犯所作。该遗址记录了一段被剥削的历史，其中包括那些在西澳大利亚占据监狱人口很大比例的土著人。①该遗址与殖民化进程相关不仅因为其19世纪的白色历史，还因为20世纪的黑色历史。此外，在澳大利亚监狱遗址中这种涂鸦的存在是不寻常的，因为大部分其他监狱的涂鸦作品在监狱作为遗址进行开发的时候被重新粉刷了（Dewar and Frederickson，2003；Wilson，2008）。该遗址还提供了一个解读第二次世界大战期间拘留历史的机会。许多居住在弗里曼特尔地区的意大利移民仍然记得这段历史。例如，在艾玛·奇科托斯托（Emma Ciccotosto，1995）的传记中，她访问过在1943年因为拒绝进入军队服役而被关押在狱的男友彼得，并且不得不因为他安排一段特别的假期，以便在她怀孕的时候结婚。最后也最重要的一点是，这些监狱在当地人的想象与地方感中占有很重要的历史地位，特别是弗里曼特尔监狱——在该监狱可以看到城镇的景色，而且它距离城镇中心仅有几步之遥，步行就能到达。很多当地人至今对这个地方有着强烈的感情。

有趣的是，在这段多层次的历史当中，当地居民对该地的了解是作为2003年制定地区总体规划的社区咨询过程的一部分而出现的。根据咨询顾问的报告，利益相关方提到了罪犯、土著囚犯和移民之间的关系，以及过去和现在的"弗里曼特尔城市结构"，这是他们之间联系的一部分。他们还认为，应该提供机会在监狱里解释所有这些联系，他们认为"以单一时代为目标，并不能充分代表该遗址的历史层次和人类经验"（Palassis Architects，2003）。在最终的总体规划报告中没有考虑到许多人的观点，尤其是那些与自由历史社会有关的人的观点，这让他们感到很痛苦。例如，在一篇发给作者的文章中，西澳大利亚博物馆前

---

① 澳大利亚监狱中土著人自杀率高是皇家调查的主题，这一调查被称为拘留中的死亡报告。西澳大利亚和昆士兰的土著人在拘留期间的死亡率异常高。见皇家土著拘留死亡问题委员会（1991年）的《调查西澳大利亚潜在问题的区域报告》。

任负责人、当地历史学家大卫·哈奇森反对当地议会关于修剪从小镇到监狱的摩顿湾无花果树的决定,认为"弗里曼特尔监狱的前景需要考虑到长期的发展"。在罪犯的设立范围内,有一些重大的改变,这些变化以"这些应该被删除吗"的讽刺性评论结束(Hutchison,Personal Communication,2008)。来自弗里曼特尔历史协会的黛安·戴维森评论说,她曾试图强调监狱中的土著历史的重要性,但从管理层那里得到了消极的反馈,因为它被列入《世界遗产名录》是基于它是一个罪犯的遗址(个人交流,2008年6月)。她还提到了她丈夫罗恩2002年至2003年在监狱顾问委员会的经历,认为监狱正在被"软化",因为监狱的黄金时代是罪犯时代的一部分。"软化"进程的一部分是拆除铁丝网等监禁设施。正如黛安所说,她的丈夫向吉姆·麦金蒂(当地成员)指出了这一点。麦金蒂在写给相关的住房和工程部的长信中谈到,这里没有黄金时代,其主要特点是经历了一系列阶段,特别涉及监禁当地人的问题。麦金蒂接着说,除非采取多层次的办法,否则他不支持将其编入内阁备忘录。麦金蒂的信件内容被采纳,内阁签署的备忘录强调了多个层面的监狱历史。罗恩感到很得意。然而不久之后,他被当时的部长从顾问委员会中解雇,社区代表也被弗里曼特尔市长取代(个人文件的早期草案,2008年6月)。

二、遗产的重要性

不幸的是,来自各方面的压力使得管理和诠释与19世纪监狱相关的多层次历史意义变得困难。正如杰奎琳·威尔逊(2008年)所指出的那样,其中最主要的是建筑的浪漫吸引力和监狱机构在继续控制对监狱生活的公开展示方面所起的作用。弗里曼特尔监狱这样的哥特式建筑,像许多其他19世纪的监狱一样,建立在宾顿维尔模式之上,完全符合我们对中世纪的文化想象(参见图8.1)。监狱看起来像一个用塔楼和石墙包围起来的中世纪的堡垒,这个地方的建筑本身就鼓励人们与遥远的过去建立起浪漫的联系,而其所具有的罪犯历史也使这种联系更容易建立。对著名逃亡事件的浪漫化叙述,比如在英国制度下遭受不公正对待的爱尔兰俘虏坟墓,还有当地的护林员慕恩迪尼·乔斯,也成为遗址与过往历史联系的一部分。如果浪漫主义使人们难以处理监狱的近代史,特别是监狱内部的生活,那么由监狱官员引领的趋势更是如此。正如威尔逊(Wilson,2008)所指出的,"依靠这群利益相关者来编纂的监狱历史,忽略了作为资料主要来源的那些人(囚犯)的声音,以及因此而产生的叙述,毕竟这些人构成了监狱存在的理由"。

第八章 世界遗产与当地价值之间的紧张关系——以澳大利亚的弗里曼特尔监狱为例

图 8.1 监狱大门内的内部庭院打扫完后，两个主要牢房和圣公会教堂清晰可见

西方的提名制度往往将有形结构的重要性置于无形结构或社会价值之上，这使大家面临更加复杂的困难，即使在社会价值观明确的情况下也是如此，《布拉宪章》就是这样一个例子。在世界遗产提名进程之前，早期评估和界定弗里曼特尔监狱遗产意义的尝试也没有什么不同。它们从地方一级和国家信托基金开始，其早期兴趣是建筑而不是历史。因此，1960年澳大利亚国家信托基金（WA）访问了当时仍然在运作的监狱，以便研究他们决定要去的在第一份遗产清单上的圣公会教堂。此举在当时意义重大，因为当时澳大利亚没有其他上市机构，而有关罪犯的历史还不流行。但是，信托基金对维护国家的起源和早期建筑有兴趣，而罪犯建造的遗址在当时是最早可用于保存的建筑物——在罪犯到来之前，在殖民地的头二十年里几乎没有留下任何东西。

到 20 世纪 80 年代末，州政府决定关闭监狱并将其作为遗产地开发，历史学家和建筑师都参与到遗产产业中。当时将社会价值作为遗产重要性标准之一的《布拉宪章》已经存在。然而，社会历史被置于历史意义的一般标准之下，这使得殖民的历史，而不是近代记忆渗透传统的历史被用来支持评估的方式。因此，在弗里曼特尔监狱，遗址与定罪主义的联系大多是胜利的，而不是试图利用社会历史来处理有争议的记忆，或使用提出有关过去的问题等更具批判性的方法。由于当时盛行的社会历史是以澳大利亚殖民历史为基础的，而不是以 20 世纪的历史为基础的，定罪的历史也许是它的主要定位。

研究弗里曼特尔监狱历史的人关注的是 19 世纪和 20 世纪的历史，但 19

世纪的吸引力是难以抗拒的。例如，在关闭监狱之前制作的一本早期小册子就宣布要将其变成一个遗产地，因此也界定了它的文化意义：

（1）它包含了大量现存的证据，证明了供殖民者使用的、整个帝国罪犯完成的公共工程设施建设和改造工作。

（2）这是澳大利亚最完整的建筑群。

（3）它是西澳大利亚罪犯历史阶段的杰出象征。

（4）自1855年以来，它一直被用作监狱。

（5）它是对皇家工程师的设计和监督的纪念，包括杰布（英国的监狱总监）、享德森（罪犯的总审计官）和雷（代理审计长）。

（6）这个建筑群的规模巨大，特别是它的四层主单元在澳大利亚是最长和最高的。

尽管它的持续使用也值得注意，不过该遗址与定罪者的联系显然更大，这也符合完整性的概念。基于对遗产重要性的阐述，当地政府制定了一项临时保护政策，力求通过以下方式保存这些类型的重要意义：

（7）保留原来的囚犯建造的所有残余建筑。

（8）保存弗里曼特尔与同时代的其他监狱的不同之处，以及体现它是如何发展以满足国家不断变化所需的相关要素。

（9）保存有助于认识和了解囚犯输送对国家历史的影响因素。

（10）保持其与弗里曼特尔镇的视觉和功能关系。

（11）保存墙壁、建筑物和空间之间的外部形式和特征，特别是接待场所和游行场所。

（12）保存后期的建筑和特征，以阐明刑罚实践和设计的发展。

三、保护计划

从这个初步的保护计划可以明显看出，其目的是以相对平等的方式来解释遗址19世纪和20世纪的历史。但是，现阶段显然没有语言能用以捕捉现场的无形历史、回忆、联想、故事或生活的经历。这样做的意愿总是要和遗址与定罪主义的密切联系相权衡，因为遗址的完整性和浪漫的历史联系使得遗址意义在定罪主义方面的权重更高。这个问题在詹姆斯·克尔的遗址保护计划中表现得很明显，特别是在他对其物理完整性的评估中。事实上，他的保护计划最初是在1992年制定的，在1998年进行了审查。该计划利用了自罪犯首次建造以来，该监狱实体结构的变化非常小的事实，认为它作为罪犯场所和殖民机构是至关重要的。正如他所说的那样："它作为一个刑罚机构的主要意义来自它如何进一步说明一个囚犯仓库和殖民地监狱的实际性质。在这方面，它的特殊意义源于它是澳大利亚罪犯设施中最完整的一个，在亚瑟港（塔斯马尼亚）和金斯敦（诺福克岛）的囚犯住所则处于毁灭状态。"（Kerr，1998）因此，其结构的持续存在以及在遗址历史这一方面的优势决定了解释的内容。这里需要理解的一点是，虽然这似乎是正常的，或者说是常识，但事实上，这是遗产专业人员多年来发展起来的价值。它不仅解释了什么是保守的，而且决定了后来的解释方向。因此，克尔在总结他的论点时指出以下几点应该被认识到：

（1）监狱作为证据的主要意义与帝国罪犯时期的历史有关，也与将监狱结构改为男性和女性的殖民监狱有关。

（2）现有的调整在1991年以前的监狱工作情况方面发挥了一定作用（Kerr，1998）。

克尔接着说："因此，进一步的工作应该继续下去，并在适当的情况下披露所有这些证据，并应注意不要移除一些不必要的、以后时期的项目。对重要程度的评估将有助于解决一切问题，但总的来说，罪犯和殖民时期的作品优先于后来时期的作品。"（Kerr，1998）

1998年克尔修订他的保护计划时，要将弗里曼特尔监狱纳入《世界遗产名录》的澳大利亚罪犯遗址网络计划已经开始实施。①

事实上，这是修订重要声明的背景。克尔试图在构建重要声明时提及这一点，他指出"弗里曼特尔监狱"具有特殊意义，是澳大利亚罪犯遗址世界遗产提名的适当组成部分。以下是关于这一说法的所有证据，几乎唯一向其他重要层面"点头"的就是下面这样一句话："因为现在的监狱也以某种精确的方式表现出西澳大利亚主要监狱的设施、条件和态度，公众很少可以通过保留涂鸦、壁画、标志、通知和最近使用痕迹等获得一些经验。"

尽管这种支持20世纪遗址历史演绎的实物证据可以获得支持，但入选《世界遗产名录》以及实现这一目标所采取的策略却使得对最近的历史的解释变得非常困难。2003年的总体规划开始出现困难，不仅是为了帮助开发财政资源来维持需要养护工程的遗址，同时也要找出支持世界遗产提名的方法，并作为该

---

① 澳大利亚政府与新南威尔士州、塔斯马尼亚州、西澳大利亚州和诺福克岛政府之间建立了伙伴关系，于1995年开始拟订将澳大利亚罪犯遗址列入《世界遗产名录》的第一份提名文件。西澳大利亚州政府内阁于1998年6月批准了这一提名，但没有超越1999年的档案草案。2005，在新的国家遗产名单上正式登记弗里曼特尔监狱时，环境和遗产部长宣布计划争取各州和诺福克岛重新参与提名的制定工作。这项提名曾在2008年1月30日提出（住房和工程部，2006）。

遗址长期可持续性计划的一部分。正如总计划的作者提出的那样,"《世界遗产名录》应该接受每一个为之付出的努力"(Palassis Architects, 2003)。原因很简单,在2006年的一份文件中该遗址管理部门的房屋和工程部说:"《世界遗产名录》通常为社区、州府和国家带来切实的社会和经济利益。"这种国际认可提升了它们的地位,并且通常会带来巨大的好处,如旅游收入和就业机会的增加以及基础设施的改善。由于被列入名单的原因,该部门预计访问人数将增加"至少 10%"。他们认为,如果提名获得成功,将"促进零售、住宿和餐饮行业的活动,从而增加现有和新业务的机会,并增加当地社区的就业机会"。还要注意到文化的影响,这些文化的影响将在"更广泛的社区意识"中得到体现,即"更广泛层面上的重要性"。还有人希望被列入名单之举可以吸引人们对弗里曼特尔监狱和澳大利亚境内其他西澳大利亚监狱的注意,增加人们对犯罪遗产的兴趣,并将弗里曼特尔监狱与澳大利亚其他主要遗产地连接起来。

因此,这个过程的核心是一次重塑品牌的活动,旨在提高"对遗址的重要性及其带来的机会的认识"(Palassis Architects, 2003),重新设计该项目,以承认其作为一个完整的罪犯时代遗址的历史意义。确保该遗址作为一个遗产地的长期可持续性所需的经济资源,与将该遗址宣传为一家罪犯机构相关——这一举措不仅加强了《世界遗产名录》的论点,而且也是人们所希望的,会使这个景点对游客更有吸引力。

首先,遗址名称从 20 世纪的"弗里曼特尔监狱"改为了"弗里曼特尔监狱——犯罪机构"。所有网站的解释和营销材料,包括它自己的网站,现在都使用这个名称。因此,游客的期望是能看到一个有关罪犯的遗址,了解罪犯所处的时代。除此之外没有任何其他的期望。其有效性在于,它的遗产意义缩小到了罪犯关系。在实践中,这意味着相关的保存和解释工作,从网站名称到主要展览、小册子和网站(参见图 8.2),都为犯罪主题提供了一个有针对性和自我强化的方案,而为此提供的资源显著增加。1998 年的第一个大型展览是一个单间展览,纪念和解释了 1988 年在该监狱发生的暴乱,并促成了关闭监狱的决定。2005 年则举办了一个大型巡回展览,其中包括多媒体互动,以及从澳大利亚和美国博物馆借来的关于 Catalpa 事件的主要展品。在该事件中,一些爱尔兰芬尼派教徒逃出了监狱。这次展览在很大程度上标志了弗里曼特尔监狱对澳大利亚罪犯历史的重要意义,因此目前也是提高该场所形象的营销活动的一部分。

第八章　世界遗产与当地价值之间的紧张关系——以澳大利亚的弗里曼特尔监狱为例

图 8.2　进入弗里曼特尔监狱后，所有的营销或解释渠道都集中在罪犯的主题上，并展现了监狱标志：一把铁钥匙

在养护方面，西澳大利亚政府最终提供了足够的资金来执行一份严谨的养护和恢复方案，其效果是将该现场最重要的事物恢复到囚犯阶段。因此，在1960年增设的礼拜堂的渲染物被移除，主楼的外墙被清理和重修，大门的墙壁也被清理了。其效果是使遗址恢复到白色，这是一个在建造时经常被评论的特征（图8.3）。虽然这是必要的——因为渲染是造成水体损害的原因之一，但从解释的角度而不是保存的角度来看，这是为了移除时间流逝的证据，从而为该遗址作为现代监狱的历史提供一些线索。

图 8.3　从外面看到的弗里曼特尔监狱——城镇上方的堡垒城堡

除了与其罪犯历史有关的叙述外，其他记录在总计划网站上占有非常重要的地位（帕拉西拉斯建筑师，2003）。在这里，几乎所有关于逃犯的故事都是一个罪犯的故事，每个角色都来自 19 世纪。对于那些对谱系感兴趣的人来说，可以访问西澳大利亚所有罪犯的数据库，找出罪犯来自哪里。爱尔兰芬尼人囚犯有一个特殊的特点，而在其他类别的囚犯身上没有任何特殊的特征。

总计划的作者并不是不知道这种战略可能会导致该遗址发生的历史被抹去。例如，他们确实认为辖区的近代史不能被忽视。然而，在同一阶段中，他们认为重要的是，将分区定位为欣赏和理解西澳大利亚欧洲定居过程的重要而独特的吸引力。他们认为，"这种方法有强大的、既定的市场吸引力，并将有助于解决因遗址最近的历史而使一些游客缺乏兴趣的问题（Palassis Architects，2003）"。当然，最近的历史更具感情性和复杂性，这是因为它与那些仍然"活着"的社区和问题联系在一起。正如上文所述，遥远的过去更加浪漫并且充满了不带威胁性的人物，他们的罪行可以解释为因困难的社会和政治条件所导致的。换句话说，他们不是真正的罪犯，而是值得我们尊敬或同情的人物。

这是一个触及遗产企业核心的问题，如果遗产只是关于过去而不是现在的，那么监狱管理部门所采取的方法是完全合理的，没有任何问题。不过，除了神话化的旅游内容外，其他的内容都是以娱乐的形式包装的，很难看出遗产与现在的关系如何。但是，如果遗产在某种程度上是关于过去在当下的存在，并且就目前的问题存在可展开讨论的空间，那么就需要问一些放置在解释之前的重要问题，这些遗址的架构使得对过去历史的浪漫化描述太容易了。首先，这种方法对专家知识而不是地方或利益相关者的知识更有利。该遗址是在正式的建筑标准内进行解释的，其价值在于它的完整性和真实性。故事就在石头上。因为这种模糊但重要的集体和个人记忆，以及与地方的联系使得这里根本没有任何非物质遗产的空间。因为在第二次世界大战期间监狱中的重要移民群体——这个历史可以让当今的听众回想起关于澳大利亚的移民和难民问题的辩论（Hodge and O'Carroll，2006）——历史记录的丢失，所以它不是以存活的结构为基础，而是基于记忆、口述历史和其他历史记录，这意味着该遗址的一些过往，例如黑色历史很难被看到。土著人在20世纪的监狱里才被关押，关注囚犯的历史否认他们与他们的问题接触的空间。这里的问题也是意识形态的问题，因为他们在监狱里的"痕迹"确实仍然存在于这个地方的结构中，特别是涂鸦，但大部分都是隐藏在公众视野之外的。

四、结论

那么，在弗里曼特尔监狱管理遗产意义方面提出的问题有什么意义呢？第一组的结论关系到《布拉宪章》对澳大利亚遗产专家思维方式的影响。从一开始，负责制定和执行章程的人，包括詹姆斯·克尔，坚持认为必须将遗产重要性的确定与管理、养护和解释问题分开。这其中的原因是务实的，在一个飞速发展的环境中，这样做是有道理的，例如20世纪70年代和80年代澳大利亚的遗产倡导者们所遇到的那种情况。对他们来说，必须将其重要性与今后如何使用该遗址的政治和经济决定分开。不这样做会危及依托遗产专业人员的能力主张制定政策来维护遗址的遗产意义。然而，从前面的讨论中可以清楚地看出，遗产重要性的识别过程并不是中性的，并且高度依赖于不断变化的价值体系。因此，为了确保未来对遗产重要意义的理解不会受到来自目前的管理、保护和解释政策的损害，遗产实践者需要找到将社会价值与社会历史联系起来的方法，并且停止寻找原始结构与历史意义之间的紧密契合。这两者可能共存，但它们也需要对可能引起彼此关系紧张的例子保持开放态度。多个不同权力和地位的遗产登记册的存在加剧了这一问题。很显然，对一个景点（从地方到国家再到最终的世界遗产地位）来说，意义越广，观赏性就越大。然而，获得尽可能广泛地位的经济压力并不仅仅来自旅游业，它也来自政府本身。这些政府当前热衷于把维护遗址的财务责任下放到同等重要的地位。因此，在澳大利亚，市政府通过规划系统管理登记在册的遗产地，州政府照顾登记在册的人，联邦政府照看他们的登记册。层次越低，下一层级上的压力就越大，因为这会增加旅游市场的资金和份额。问题是，每一层的重要性都会影响层次中较低的那个。如果说弗里曼特尔监狱的例子值得借鉴的话,那么那些被遗忘的历史就是那些被剥夺财产的人的历史,那些历史的意义仅仅是地方性的,而不是全国性的或国际性的。因此,我们似乎需要一种制度,在制定管理、养护和解释制度时,必须考虑所有层面的重要性,并通过改变目前资助遗产地的财政制度来促进这一点。利益相关者磋商的概念也需要比现在看起来更为严肃。

世界遗产提名程序如何能够对各国政府和遗产遗址管理施加压力,以确保列入《世界遗产名录》的提名不会危及该遗址传达其他层面意义的能力?如果我们认识到,联合国教科文组织对世界遗产地没有法律权力,也没有财政手段为它们的维护做贡献,那么这里就可能有两种论点:第一,将要求该国政府提供一项确保保护世界遗产价值的管理计划改为要求其提供一项管理计划,以表明世界遗产价值的管理不会危及现有其他层面的重要意义。确保以整体的方式处理普遍价值和地方价值,此举将有助于缓解《世界遗产名录》在地方一级所引起的紧张局势,本书中的许多例子都对此进行了讨论。第二,修改《世界遗产公约》,确保遗址在非物质方面得到比目前更多的认可。这些建议不一定会危及拥有世界遗产价值的地点的提名,但它们可能有助于继续关注当地的和无形的价值,这些价值往往与少数群体联系在一起,并确保必要的资源可以得到利用。

参考文献:

1. Anon. C. 1988. Fremantle Prison, conservation and future use (Brochure). City of Fremantle, Department for the Arts, Building Management Authority, Western.

2. Ciccotosto, E. and Bosworth, M. 1995. Emma: A Recipe for Life. Fremantle, Fremantle Arts Centre Press.

3. Department of Housing and Works. 2006. Information Paper on the Possible Nomination of Fremantle Prison for Inscription on the World Heritage List. Perth, Government of Western Australia.

4. Dewar, M. and Fredericksen, C. 2003. Prison heritage, public history and archaeology at Fanny Bay Gaol, Northern Australia. International Journal of Heritage Studies, Vol. 9, No. 1, pp. 45-63.

5. Hodge, B. and O'Carroll J. 2006. Borderwork inMulticultural Australia. Sydney, Allen & Unwin.

6. Kerr, J.S. 1998. Fremantle Prison: A Policy for its Conservation. Perth,

Department of Contract and Management Services for the Fremantle Prison Trust Advisory Committee.

7. Kirschenblatt-Gimblett, B. 1998. Destination Culture: Tourism, Museums and Heritage. Los Angeles, Calif, University of California Press.

8. Palassis Architects. 2003. Fremantle Prison Heritage Precinct the Convict Establishment Master Plan. Perth, Department of Housing and Works, Government of Western Australia.

9. Pearson, M. and Marshall, D. 1995. Study of World Heritage Values Convict Places. Canberra, Department of the Environment, Sport and Territories, Commonwealth of Australia.

10. Royal Commission into Aboriginal Deaths in Custody. 1991. Regional Report of Inquiry into underlying issues in Western Australia by Commissioner P.L. Dodson. Adelaide, Royal Commission into Aboriginal Deaths in Custody.

11. Smith, L. 2006. Uses of Heritage. London, Routledge.

12. Wilson, J.Z. 2008. Prison: Cultural Memory and Dark Tourism. New York, Peter Lang.

网络资源：

Palassis Architects. 2003. Report on Consultations Providing Input into the Draft Master Plan. Perth. Department of Housing and Works, Government of Western Australia, Perth. www.fremantle.com.au/master (Accessed 31 January 2008.)

第九章　卡卡杜和理想化的伊甸园

詹妮弗·哈里斯（Jennifer Harris）

简介

2008年初，有一档电视营销节目鼓励游客到卡卡杜国家公园旅游，这个节目使大众觉得澳大利亚北部地区的这一世界遗产地有一种古老的感觉。在舒缓的音乐中，播放着壮观的景色——这是关于悬崖和湿地的宏大景观[①]：成群的鸟、巨大的原始鳄鱼、灿烂的睡莲和一个矮小的土著女孩，以及与南海的一位迷人的女性的谈话。这些广告里的主要形象来自因体现了自然和文化价值，成为比宁基与蒙盖伊族（Bininj and Mungguy）土著居民精神家园而被列入《世界遗产名录》的公园（澳大利亚联邦，2006）。

埃登主义（Edenic）的观点衍生出了一种非政治化的、历史悠久的且有美学高度的观点，它将卡卡杜国家公园视为欧洲景观理想化视野的延伸，同时也是带有异国风情的土著景观。在这场运动中没有任何关于公园周围问题的投诉，例如在树木被砍伐的公园内进行铀矿开采、公园管理的不同方法和联邦政府采取不同措施保护北领地被酗酒和贫困困扰的土著社区儿童等。卡卡杜的广告创造了一个理想化的景观，这与公园大多数的代表性景物是一致的。在游客到达公园门前不久，他们就已经看到了卡卡杜——这个伊甸园的宣传语：岩石艺术、瀑布、丰富和创造力。他们将卡卡杜视为一个失落的天堂。

然而在某种意义上，卡卡杜也是另一个世界遗产地，那里令人不快的政治和现实几乎被旨在吸引游客前往一个在智力和道德上都很容易满足其游览要求的地方的遗产文本所掩盖。尽管20多年来遗产代表人物的理想化倾向遭受了猛

[①] 这一章提到的"景观"，指的是欧洲人看待自然的传统政治，这种方式赋予了"所有权"，无论是文化上的还是现实上的。"景观"与土著人的"土地"和"乡村"概念形成鲜明对比，他们认为这是一个给予和接受生命的地方。它不仅是想象中的或表现出来的，而且是和生活在一起的（Rose，1996）。

烈的攻击，但理想仍然是遗产地无处不在的特征。休伊森（1987）和沃尔什（1992）引领了对遗产解释的早期批评，它们重现了和谐性、共时性和前瞻性美学，从而消除了有争议的历史。哈里森（2005）认为，世界遗产地特别容易理想化，这是因为"理想主义的普遍追求"。为什么世界遗产经常为了旅游而形成这样一个不切实际、刻板的世界观呢？这又代表了谁的世界观？这些都是卡卡杜的核心问题，这些问题会在这里进行分析，以说明当为游客展现自己时会遇到的一些问题。

卡卡杜是一个非常重要的澳大利亚遗址，原因有三点：第一，公园边界有一个受保护的原生态热带河流系统，这里有成千上万的动物和众多的岩石艺术遗址。第二，这是一个欧洲式公园管理系统与当地比宁基和蒙盖伊人和谐联合管理的模范。第三，它是当今澳大利亚的代表之一，是世界文化遗产，代表着这个国家相对于世界其他国家而言的标志象征之一，也是这个国家本身的主题之一。这三个重要因素之间存在着相互作用，第一个和第二个因素在公园文献和展览中具有明显的优先地位。然而，作为澳大利亚的一个标志，第三个因素使得公园被要求做大量的但几乎没有公共认同的符号学工作，它坚持认为卡卡杜不仅代表澳大利亚，而且代表一个失落的伊甸园。这一巨大的符号性声明一再重复，吸引了大量的游客，他们渴望在全球恐慌的环境下寻找天堂。

到达公园后，游客可以很容易地到达游客中心，游客中心的产值都很高。与这些一成不变的过程不同的是，你有可能在购买艺术品时，或者在黄水湖（Yellow Water）的沃拉扬文化中心闲逛时，偶遇比宁基和蒙盖伊族（Bininj and Mungguy）的土著居民。下面讨论的这些问题反映了对土著人民真实生活的观察，并提出了其他强有力的使主要公园的解释可以被重新定位的方式。对卡卡杜的分析阐述了一个遗址是如何被理想化的，即使是其理想化的文本也似乎会与现实生活有关的经验混合在一起，这些经历发生在复杂的国家背景下，即复杂的后殖民政治的环境中。澳大利亚土著人的当代形象在两极之间摇摆：一方面，保守的霍华德政府在2007年干预北部地区土著社区以应对地方性暴力和儿童虐待期间宣传的那种形象是非常负面的。另一方面，从在生活各个方面取得成就的人和19世纪神秘的"高贵的野蛮人"中衍生出的正面形象与上述的负面形象是截然相反的。典型的混合理想图像是加纳特等（2008）对澳大利亚北部可能的未来进行的调查，他描述了一个"土著社区的乌托邦"。虽然他们描述了在实现这一愿景方面存在的一些社会问题，但他们说，今后这些社区的成员将与土著文化保持密切的接触，但对于土著文化以及非土著社会和经济有着充分的了解和接触，以利用健康、教育和社会服务的好处（Garnett et al., 2008）。

他们把讨论定义为乌托邦，这里可以理解为理想化的地方。这是典型的当地人生活的庆祝活动，也是政府和非政府组织的愿景。

这一章论述了积极的本土代表的发展，但也希望积极的东西不用通过欧洲牧歌式的满足感来发展。因此，盖瑞特考察了卡卡杜有代表性的问题，指出遗产实践者往往难以理解文本问题，因为解释往往看起来是常识而非政治，常识可以掩盖产生这种问题的政治。上述调查结果是在2008年7月（Garrett, 2008a）庆祝卡卡杜土著旅游业新纪元和对所有导游进行强制性培训的背景下积极编写出来的，但它提出了新要求。当游客的主要文本产生一种对土著人民的期望时，就会出现相应的土著社区发展，而土著人民基本上是在古代欧洲模式下形成的。这些表述得不明确的含义产生了重大的意义问题。本章首先分析卡卡杜伊甸教派代表的实例，然后着眼于新兴的替代战略。这些战略应能够更好地反映当地土著人民的现实，同时促进社区发展。

一、世界遗产地的社区发展问题

与世界遗产地旅游相关的一个主要的社区发展问题是如何处理如此根深蒂固的，以至于几乎超出了阐述层面的知识保守主义。即使是为了打破游客陈规定型的观念而规划的地点，也有可能复制人们所熟悉的文物珍品模式。早在1976年，麦克卡内尔就认为，游客旅行最终是为了找到"家"，并在陌生的地方寻找熟悉的感觉。巴特勒和希奇（2007）指出，尽管人们普遍担心文化"卖淫"，但参与旅游业的土著人民必须提供游客想要的东西。合理的做法是，如果一个遗址想要吸引游客，经理们就必须让他们满意，尽管可能是通过熟悉陌生的异国情调。就内容而言，这种熟悉往往是宛如手工艺品的迷人乡村、古朴的建筑和舒适的茶几，以及几乎没有任何可能的破坏性历史。卡卡杜并不提供熟悉的遗产内容，而是依靠伊甸园的西方话语提供了友好的熟悉感，从而产生了一种形式上的田园。当然，卡卡杜的具体文化细节对非土著游客来说大多是不为人知的，大多数游客是欧洲人的后裔，但是提供的这种文化的话语是众所周知的，因为公园提供了一个存在于宏伟的原始景观中如伊甸园般纯净的原始本土文化。因此，土著文化被欧洲话语所束缚，访问者收到了两个无意中相互竞争的信息。卡卡杜在秋天前成为伊甸园，游客可以在那里感受到从历史上消失的感觉。令游客们感到欣慰的是，现代技术并没有完全摧毁地球，尽管受到殖民的冲击，当地的文化依然存在。每天晚上，当成群结队的游客聚集在乌伯尔，爬上巨大的悬崖遗迹，恭敬地坐在广阔的湿地上欣赏夕阳的余晖时，这种对自然的神圣态度就显得尤为明显。熟悉感来自大家都接受"在高处欣赏日落是美妙的体验"的想法。对于许多旅游经验丰富的游客来说,这是一种最熟悉的旅行仪式:许多人在日出和日落时登上了其他国际旅游线路上的各种山峰。卡卡杜的生产活动重点在于畜牧,这为许多游客提供了一个自然的和谐景象,这显然是很有意义的事情,但却没有回答关于社区发展的问题。

二、卡卡杜文本:西方框架内的土著文化

谁是土著人?推广北领地的网站启动了理想化进程,也增加了对原住民身份的混淆程度。"分享我们的故事北领地"网站也制作了上述卡卡杜电视广告的同一活动的一部分。它告诉我们北部地区是澳大利亚土著人口最多的地方,该地保留着具有4万多年历史的传统的土著文化。游客可以在这里编织篮子、捕鱼、听故事、欣赏岩石艺术,并品尝来自土著导游的"布什塔克"。在文化节中,游客还可以观看传统舞蹈,学习迪吉里杜舞,参观社区艺术中心,观看艺术家们创造他们充满活力的土著艺术。

这是一种为游客提供文化接触和亲身体验的熟悉方式。有人可能会认为,这个网站很明显是一个平常的旅游目的地推广项目,但它对土著文化的浅薄描述是普遍存在的,潜在游客也可能通过它与卡卡杜进行的第一次接触。本章并不是说卡卡杜的联合管理能够控制商业宣传材料的语气,但是它确实认为,这种文字所采用的话语是为社会所认可的,并且在可接受的意识制造的范围之内。一个名为"卡卡杜土地所有者"的视频突出反映了游客的熟悉程度,视频中有一位土著妇女坐在一块高高的岩石上,远离摄像机,专注地看着远方的景色。《世界遗产名录》上的卡卡杜国家公园是贝西·科尔曼的家,清澈的海水和茂密的季风林构成了她的后院。

从有利的角度看,欧洲的劳兰德·巴特的分析最为有趣:"这种资产阶级提倡的山区……一直作为自然崇拜和清教徒主义的混合体(空气清新再生、山顶上的道德观念、将攀登高峰作为公民美德等)。"(巴特,1973)因此,土著妇女被定位为一个欧洲人,去观察一个景观。为了使公园更像"家",我们被告知这是她的"后院",尽管郊区花园和澳大利亚最大的国家公园有很大的不同。在一些岩石池中发现了"清澈的水域",但湿地却是有鳄鱼出没的黑暗水域。干燥、平坦、烧焦的大草原是旺季游客在公园里旅行时所看到的,"郁郁葱葱的季风森林"则很少。"水晶般清澈"和"郁郁葱葱"是属于欧洲森林的描述,而不是澳大利亚季风公园。土地所有权的提法也提醒我们,土著人被标榜为最近的和有争议的。因此,贝西·科尔曼的形象起到了安抚非土著的作用。澳大利亚人认为她的所有权是不值得担心的。

三、争论、历史与永恒

公园的有关文件偶尔会提到有争议的公园历史，但不是以这样的方式来评判的。卡卡杜最有争议的事件之一就是铀矿的开发，这引发了声势浩大的抗议活动，公园里的矿山被移除了。这段历史在观光广告中被掩盖："漫游铀矿：参观一个正在工作的铀矿。"一台采石机的照片和矿场的鸟瞰景象，依傍着熟悉的、美丽的卡卡杜自然湿地和阿纳姆土地悬崖。在一篇令人震惊的文章中，人们坚持认为，矿场造成的环境退化与公园的自然遗产价值之间没有冲突，提供这些照片就好像它们在政治、环境和文化上都没有问题一样。这本小册子是为宣传度假观光而制作的。

政府发表的一些文献也不愿谈及这段历史，反而宣称卡卡杜是一个"永恒的地方"。它被列入《世界遗产名录》是因为它的当代文化，并且"与具有突出普遍意义的生活传统直接相关"（澳大利亚联邦，2006）。然而，一些政府文本确实与历史有关。澳大利亚政府环境、水、遗产和艺术部的网站描述了该公园作为世界遗产地的自然和文化价值，并描述了该遗址自殖民以来的一些社会历史，包括传教活动、采矿和畜牧业。它采用了一种有分寸的、理性的语调，这意味着要进行全面的历史调查，并且似乎不回避那些令人反感的历史事实，如暴力和疾病等殖民统治。例如，有报告指出："据认为，在非土著人抵达之前，约有 2000 人居住在卡卡杜地区，现在大约有 500 个土著人生活在整个公园的 18 个分站。"

政府网站为商业网站几乎缺失的历史和环境问题提供了广泛的背景，但该网站掩盖了一些重大问题。例如，在讨论铀矿时，没有提到围绕开采铀矿的决定而产生的激烈的全国辩论。相反，它通过消除持不同意见的非土著澳大利亚人的声音和从传统所有者的角度对该网站提出两种观点来解决这个问题。

四、通过诗歌表达对立的观点

在卡卡杜文本中表达反对意见给人一种政治平衡的印象。澳大利亚政府网站使用了诗人的话语，游客可以在黄水湖附近的沃拉扬文化中心读到它。

> 我不喜欢它
> 真讨厌
> 我是说采矿让我担心
> 它破坏了这个地方

> 看看贾比尔
> 比尔·尼杰，布尼杰家族
> 采矿带来了美好的东西
> 也带来了社会问题
> 它给了我们一笔收入
> 买东西和建造东西
> 我们的孩子将从中受益
>
> 传统所有者业主

在公园的文本中，传统主人的声音是通过诗歌反复听到的，这恰恰是最大的问题。从公园里的岩石庇护所到政府网站的解释标志，这是首选模式。在上面的文字中，很明显，这些词语可能首先被说成直接对话的散文，然而它们已经以诗歌的形式被转载。这样做的效果是使评论看起来像"卡卡杜代表伊甸园"那样永恒、模糊和连续。这首诗的作用是消除这一矿藏所激起的情绪。帕尔默（2001）认为，这些诗是"创造性的文本……土著诗歌是附属的，但不是权威的"。在这种情况下，诗歌的效果是转移争论。因此，政府网站一方面赞扬沃拉扬文化中心；另一方面重复言辞，承认矿业的争论。但是，引用诗歌来应对铀矿的巨大斗争是一个不和谐且不专业的选择。无法想象澳大利亚政府在诗歌中发表对重大国家问题的评论的原因——为什么这里可以这样做？一个在世界遗产地采矿的重要问题怎么能被简化成几句诗句呢？非土著人的批评又在哪里？

一进入公园，游客就可以找到翻译中心和伊甸园主题的湿地与岩石艺术场所信息站。从达尔文（Darwin）出发，最先遇到的是鲍瓦利游客中心。它的建筑以夯起的土墙、蜿蜒的阳台和内部的小溪向公园景观致敬，展现了上述自然的、历史的"两个视图"方法。它展示了卡卡杜的两个视图：土著（Gukburlerri）和非土著（Guhbele）。游客被邀请穿越卡卡杜，顺南鳄鱼河蜿蜒而行，从源头到海洋。蜿蜒河流的概念与网站的诗歌联系在一起，营造出一种梦幻的、沉思的气氛。鲍瓦利在政治上似乎无可挑剔，两种声音都允许被听到。这是一种越来越流行的遗产地处理争论的方式。毕竟，这似乎是完全公平的，给予土著和非土著澳大利亚人说话的机会，这意味着文化和政治上的尊重。然而，理解两个声音说话的思想是西方处理对立问题的一种根深蒂固的方法。例如，西方议会中有政府和官方反对意见产生平衡的观点。为什么这是个好主意？如果目的是让游客在比宁基和蒙盖伊文化的背景下洞察卡卡杜的动植物，为什么西方科学的声音需要被听到呢？科学的声音是非常强大的，而且是客观的。相比之下，土著知识体系的诗意表达最终会被忽略。真正遇到鲍瓦利的第二个知识系统将是非常具有挑战性的。例如，1998年我在不列颠哥伦比亚大学人类学博物馆看到了一场小型雕刻物品展览，那些展品没有任何文字说明。有人告诉笔者，土著人民对它们的出现感到高兴，但他们不愿提供解释。换句话说，可以查看对象，但是没有提供任何知识。此时我意识到，虽然在一个充满解释的地方，但仍不能理解所看到的一切。

五、殖民主义

沃拉扬文化中心完全聚焦于比宁基和蒙盖伊族土著居民的生活经历，藏匿在展厅一侧的是卡卡杜殖民事实的主要参考资料之一。人们惊讶地发现在伊甸园中保存下来的痛苦历史记录，中间派则使用相反的观点法探讨了殖民时期的各种影响。

> 祭司是杂种
> 如果你没有来他们会打电话
> 他们会等待直到你出现在教室里
> 在班级面前脱光你的衣服
> 我们被送到那里被迫进行改变
> 把原住民从我们身上赶走
> 没有其他原因
> 资深的 Murumburr 传统业主
> 我九岁那年到了 Garden Point
> 我不会说英语
> 我不得不学习，当我知道我变得快乐……
> 修女们真的很好
> 修女们真的很好
> 我喜欢去学校……
> 当我终于回家的时候，我不得不再次学习我的语言
> 我必须学习如何了解我的国家，并学习如何打猎
> 我必须了解我和这里所有人的关系
>
> ——杰西·奥尔德森，穆伦伯家族

再次强调，像诗歌这样的词语布局往往会削弱意义。虽然人口的减少证实了殖民的巨大影响，但是殖民的影响也是最小的。为什么？通过对潜在含义的考

察，可以表明一些原因。

六、卡卡杜的意义

上文所调查的案例涉及各种媒介：简短的小册子、网站、导游和游客中心。它们都讲了一个类似的故事："卡卡杜是一个特别的地方。"尽管铀矿被开采，野生动物受到入侵，但大自然是原始的，土著人民保持了他们的文化。为什么这个正面的故事会被别人排除在外呢？

答案是在通过世界遗产地实现社区发展愿望的背景下，传递一个关于积极生存的信息是有益的。不过，虽然庆祝的气氛让土著和殖民者对过去和现在感到安心，但是在道德、历史和政治上却是危险的。相反，对庆祝理由的悲观解释可能导致对霸权的解释。然而，鉴于访问卡卡杜令人兴奋的现实，霸权主义的解释不可能是唯一的答案。由于土著居民明显地抵制了白人聚居地和第一次接触的知识（Reynolds，1981），而在罗斯的感人话语中，霸权则被进一步驳斥："故事……梦想的故事讲述了一种由最野蛮的边界的经验所激发和扩大的想象力。他们提供了持续存在的精神，给予了土生土长的承诺。"（Rose，2004）

土著人不认为知识是应该分享的东西——这是西方的观念。知识是地方性的，既不普及也不自由，但最重要的是它是人与人之间关系的证据（Rose，1996）。也许谁有控制谁的愿望是访问者在卡卡杜看到的，这就解释了为什么关于破坏性殖民化历史的讨论太少。克利福德（1986）关于救助是民族志根源的论点可能同样适用于世界遗产的解释，也可能是对我们在卡卡杜看到的现象的一种解释。伊甸园的神话则更有说服力。对于欧洲游客，尤其是澳大利亚的欧洲人来说，伊甸园的故事是一个巨大的解脱。这里是他们一直渴望而未触及的天堂，它似乎取代了令人震惊的交通和刑事安置的历史。美丽的景观和土著人民的存在事实提供了希望，即白人定居的黑暗起点以及随之而来的文化和环境破坏可能不是最后的故事。

伊甸园的圣经故事，再加上几个世纪以来对恢复它的渴望，常出现在西方的音乐和园艺中（Bermingham，1986；Pugh，1988；Schama，1995；Williams，1973）。在卡卡杜这样的世界遗产地中，田园并不是出现于欧洲平淡的、有装饰的景观中，而是在"乡村"中，这是对土著人与土地的深层联系的表达；这里到处是鳄鱼、瀑布和崎岖的悬崖。因此，卡卡杜作为一种田园文本，并不是人们在英格兰斯托这样的花园中找到的，但是在这种需要恢复丢失的东西的渴望之前，却没有发现卡卡杜。卡卡杜被描述为伊甸园，就像亚当和夏娃在伊甸园一样，比宁基和蒙盖伊人用刀耕火种来照顾卡卡杜的土地，取得了丰硕的成果。

一个犹太基督徒的故事怎么能在陌生的景观中出现呢？答案在于非土著的澳大利亚人具有政治和语言上的控制力，他们可以讲述任何故事。托尔戈夫尼克（1990）和罗斯（2004）解释了"原始"——土著人的标志。托尔戈夫尼克（Torgovnik，1990）认为，欧洲人所使用的"原始"范畴是多义的。"现在的性受到压抑了吗？原始的生命——原始人因没有对身体的恐惧而过完整的生活……现在的人们是否认为自己是正义的基督徒？然后原始人变成异教徒，陷入错误的信仰……然后原始人按我们的要求去做。"（Torgovnik，1990）

罗斯（Rose，2004）的分析同样坚持"原住民"这个范畴的可塑性。她描述了澳大利亚土著人在看到欧洲人由于现代化而经历分裂时所要面对的沉重文化负担。"随着分裂，我们遇到了对于一个失去的整体的渴望……在这里，在澳大利亚，在其他定居者社会，一种形式的整体渴求表现为渴望将一种与分裂本身形成的完整梦想相一致的现实赋予土著人民。这些梦想是由逆转构成的：现代性呈碎片化，因此土著现实必须是完整的；现代性有摧毁性，因此土著人民必须保存；现代性促使我们与他人建立工具关系，并要求我们极端冷酷无情，因此土著人民必须善良、体贴。"（Rose，2004）

罗斯的分析在一定程度上有助于解释在有关卡卡杜的陈述中发生了什么，她的雷德普托尔主义模型对于描述全国各地的关系状况很有用。然而，在卡卡杜，正如本章所证明的，救赎是不需要的。因为在这个公园里，世界似乎没有被殖民所破坏。当令人不安的历史爆发时，它们就被诗歌冲走了，或者融入浮夸的观光中。在野生动物的问题上，所有的一切似乎都被原谅了，因为比宁基和蒙盖伊人拥抱水牛、马和猪，甚至为它们创造梦想（Franklin，2006），而非土著公园护林员则绞尽脑汁，在公园里向参观者解释了火种养殖是一件积极的事情。但在回到达尔文的道路上，人们几乎立即就看到了照明火灾危险的警告。一个人回到了真正的后拉派时代的世界，那里的火是毁灭性的。访问卡卡杜有一种神圣的特质，这一点在护林员谈到"国家"时的崇敬态度中是显而易见的。但更强烈的是，我们会意识到，这不仅是对殖民罪恶的赦免，也是许多殖民历史的噩梦，也许只是一场从未发生过的噩梦，因为这是伊甸园的一部分。

七、积极的语篇

之前，对欧洲田园牧歌的看法被与比宁基和蒙盖伊人（Bininj and Mungguy）的接触削弱。公园鼓励游客与当地土著人通过展示烹饪、手工艺品制做和投掷长矛的方式在游览过程中见面。在这里，游客们有机会与公园的居民交谈。在沃拉扬文化中心，游客们渴望与当地人见面，这种热情是显而易见的。当我于

2007年7月访问时，两名保持传统的主人玛丽和维奥莱特向游客们讲述了如何打猎和烹饪，以及当地的六个季节的概念。他们向游客展示了他们是如何在烟熏的余烬中用叶子煮芭拉芒迪鱼的。热情的游客喜欢品尝鱼，然后听玛丽和维奥莱特讲述梦想的故事，同时看他们演示编织篮子。由于中心商店离我们只有几米远，所以许多游客决定要立即购买当地的手工艺品。

黄水湖里有壮观的睡莲和鳄鱼，这让游客有机会看到另一个世界。一方面，他们可能会看到非土著居民捕鱼，并问道："在世界遗产中捕鱼是否合适？"另一方面，他们可能会听土著导游描述比拉龙野生动物。令人不安的捕鱼景象、看到野生动物的景象和看到鳄鱼的兴奋感，这些都与其他地方占支配地位的书面解释相冲突，从而产生了一个非人类的世界。艺术似乎是土著人民和游客之间最强烈的接触点，这在卡卡杜和阿纳姆地区艺术中心的购物人群中得到体现。景观的土著绘画为欧洲田园传统提供了一个讽刺的对立面：华丽的鳄鱼、睡莲、芭蕾和梦幻画廊中的人物。霍恩（2007）认为，在经历了两个世纪的白人画家欧洲田园愿景的坚持之后，土著人对土地的开垦最终是通过当地人景观的视角来进行的。

田园风光是一个超验的空间，在这里，观赏者享受着美丽、怀旧和与土地及其所有权相关的快乐。这些快乐也位于许多土著风景的中心，它们与国家和梦想有着持久的联系。对国家的深刻享受，以怀旧、忧郁和对土地的渴望为特征，这是两种传统的中心（Hoorn，2007）。

这一章对两种传统不同之处的分析已经超出了章节的范围。然而，对历史的认识在当地的土著形象中是如此明显的，再加上对殖民负担的描述，表明了一种截然不同的景观政治方法，为土著艺术提供了机会，以削弱欧洲的景观意象。对故事的庆祝、关于土地的知识和延续下来了的传统艺术与狩猎方式支持着土著文化的自我形象，并引导成功的、充满活力的努力去维护文化。其结果是，通过传统方式与现代旅游相结合，文化自豪感和经济独立性得以增长。

环境、遗产和艺术部部长彼得·加勒特于2008年7月前往卡卡杜，这标志着旅游业的一个新时代，他说："今天，我们庆祝卡卡杜地区的原住民旅游的巨大转变，土著居民和他们的文化已经成为游客体验的核心。这一转变使卡卡杜成为世界各地可持续旅游的典范。"

毫无疑问，在卡卡杜推广土著旅游业是积极的，因为它建立在游客和传统业主之间现有的巨大善意互动的基础上。另一项商业决策也暗示了卡卡杜的时代变化。如果前保守党政府决定废除公园门票是基于理想的世界遗产领域的自由，那么2008年10月新工党政府宣布恢复收费可以理解为对公园进行商业管理的标志，以及可能降级的伊甸园神话。

八、总结

利用世界遗产地进行社区发展面临的一个关键问题是：向游客传达了什么信息？对卡卡杜来说，这似乎是一种受控制的土著知识的释放，同时产生了理想化的、历史悠久的、能够缓解人们对环境和殖民影响的担忧的古老景观。卡卡杜的创作带有一种无意识的讽刺意味，并结合了强大的本土文化和西方的牧人思想。如果比宁基和蒙盖伊人选择用伊甸园的神话来构建公园解释，那么这可以被看作澳大利亚当代社会的一部分，至少在某种程度上他们对殖民者的一些神话感到舒服和满意。这表明他们生活在历史中，但并不是"永恒"的迹象。然而，这些都是不太可能的解释，而那些认为超越伊甸标志的游客应该意识到，这个世界遗产网站提供了一些不可持续的解释。把世界遗产视为过渡区是很有用的，如马登（2004）认为，网站将成为解决差异的地方，但要实现这一目标，就必须说明差异，而不是掩盖差异。如果卡卡杜研究了伊甸教派的解释，并确定了它的信息正被游客们所接受，那么它就应该引起人们对欧洲霸权的警惕性并重新解读。公园是比宁基和蒙盖伊人与非土著人之间的友好和尊重之地，但为了摆脱历史上的伊甸园，同时为了把公园建设成国家辩论的贡献者，有必要对卡卡杜伊甸园神话进行重新思考。

参考文献：

1. Aboriginal Traditional Owners of Kakadu National Park/Commonwealth of Australia. 2007. Park Notes. Bowali Visitor Centre.

2. Australian Government. 2007. Kakadu National Park, Management Plan, 2007-2014. Director of National Parks.

3. Barthes, R. 1973. Mythologies. London, Granada.

4. Bermingham, A. 1986. Landscape and Ideology: The English Rustic Tradition, 1740-1860. Berkeley, Calif., University of California Press.

5. Butler, R. and Hinch, T. 2007. Tourism and IndigenousPeoples: Issues and Implications. Oxford, Butterworth-Heinemann.

6. Clifford, J. 1986. On ethnographic allegory. In: J. Clifford and G. Marcus (eds), Writing Culture: The Poetics andPolitics of Ethnography. Berkeley, Calif., University of California Press: 98-121.

7. Commonwealth of Australia. 2006. Australia's World Heritage: Australia's

Places of Outstanding UniversalValue. Department of the Environment, Water, Heritage and the Arts.

8. Franklin, A. 2006. Animal Nation: The True Story of Animals and Australia. Sydney, University of New SouthWales Press.

9. Garnett, S., Woinarski, J., Gerritsen, R. and Duff, G. 2008. Future Options for North Australia. Darwin, Charles Darwin University Press.

10. Garrett, P. 2008a. New era of indigenous tourism at Kakadu. Press release. Department of the Environment, Water, Heritage and the Arts, 31 July.

11. Garrett, P. 2008b. Kakadu fees in 2010. Press release.Department of the Environment, Water, Heritage andthe Arts, 31 October.

12. Harrison, D. 2005. Introduction: contested narratives in the domain of World Heritage. In: Harrison and Hitchcock (eds), op. cit. pp. 1-10.

13. Harrison, D. and Hitchcock, M. (eds). The Politics of World Heritage: Negotiating Tourism and Conservation. Clevedon, UK, Channel View Publications.

14. Hewison, R. 1987. The Heritage Industry: Britain in a Climate of Decline. London, Methuen.

15. Hoorn, J. 2007. Australian Pastoral: The Making of a White Landscape. Fremantle, Fremantle Press.

16. MacCannell, D. 1976. The Tourist: A New Theory of the Leisure Class. Berkeley, Calif., University of California Press.

17. Maddern, J. 2004. Huddled masses yearning to buy postcards: the politics of producing heritage at the Statue of Liberty-Ellis Island National Monument. In: Harrison and Hitchcock (eds), op. cit., pp. 23-35.

18. Palmer, L. 2001. Kakadu as an Aboriginal place: tourism and the construction of Kakadu National Park. Ph.D. thesis. Northern Territory University, Darwin, Australia.

19. Pugh, S. 1988. Garden-Nature-Landscape. Manchester, UK, Manchester University Press.

20. Reynolds, H. 1981. The Other Side of the Frontier: Aboriginal Resistance to the European Invasion of Australia. Ringwood, Vic., Penguin Books.

21. Rose, D.B. 1996. Nourishing Terrains, Australian Aboriginal Views of Landscape and Wilderness. Canberra, Australian Heritage Commission.

22. Rose, D.B. 2004. Reports from a Wild Country: Ethics for Decolonisation.

Sydney, University of New South Wales Press.

23. Schama, S. 1995. Landscape and Memory. London, Harper Collins.

24. Torgovnik, M. 1990. Gone Primitive: Savage Intellects, Modern Lives. Chicago and London, University of Chicago Press.

25. Walsh, K. 1992. The Representation of the Past: Museums and Heritage in the Post-Modern World. London/New York, Routledge.

26. Williams, R. 1973. The Country and the City. New York, Oxford University Press.

网络资源：

1. http://www.en.travelnt.com/experience/aboriginal-culture.aspx (Accessed 23 June 2008.)

2. http://www.environment.gov.au/parks/kakadu/culturehistory/index.html (Accessed 20 June 2008.)

第十章　世界遗产政治中的区域与全球关系：社区发展的空间

内奥米·德根（Naomi Deegan）

简介

本章考察了将世界遗产概念作为社区发展工具的可能性。本章认为，当地社区有必要参与世界遗产的管理，以确保这些遗址长期的可持续性以及符合世界遗产这一称号。自上而下和自下而上的管理战略之间的良好平衡是确保世界遗产可持续性的关键，因为每个地区都有一个可以与全球的遗产管理标准相匹配的最适合（当地状况）的管理框架；而基层管理策略和当地社区参与遗产管理的过程确保了世界遗产地当地的社会价值留存，同时也削弱了在日益全球化的大背景下普遍话语的影响。

原则上，社区参与已成为规划和决策的一个组成部分，目前在发达国家，咨询社区意见是大多数公共部门管理实践的核心。自20世纪60年代以来，社区参与遗产管理的重要性得到了认可，但其发展和问责制仍然不成熟（Hall, McArthur, 1998）。社区参与计划事项在从松散的非正式安排到高度结构化的正式关系之间产生变动。安东尼·朗认识到利益相关者之间一般有四种不同形式的积极关系：合作、协调、协作和伙伴关系。这四种关系可以被认为组成了在低水平的参与和高水平的决策之间的一个连续过程。社区发展将出现在利益相关者参与的伙伴关系的末端，可以被描述为发展或建立社区的过程，以实现赋权、自给自足和对其环境的控制。它不同于社区咨询，社区咨询是使当地社区参与遗产管理的最常见方法，因为它能够使社区更积极地参与，并提高整个社区对决策能力的信心（Cardno Acil, 2007）。社区发展辩论中的主要内容是赋权社区，即让社区为自己作决定，而不是为社区做出决定，特别是非政府组织强烈主张：有必要以有意义的方式让社区参与关于其未来的决策（Li, 2006）。在世界遗产方面，赋予社区和其他利益相关者权利以促进遗产管理是一种能力构建。事实上，为了使当地社区积极参与遗产管理进程，并在法定的层面上进行能力构建，以便更好地修订"暂定清单"，是促进执行《世界遗产公约》的"4C"之一。"4C"是世界遗产委员会 2002 年通过的《布达佩斯宣言》中所提出的，它包括（《世界遗产名录》的）可信度（Credibility）、（对世界遗产的）保护（Conservation）、能力构建（Capacity-building）和沟通（Communication）。新西兰提议通过第五个"C"，目的是"将人类放在保护过程的核心"，并相信原有的"4C"概念均与社区观念有内在联系（World Heritage Committee, 2007）。

能力构建和赋予当地社区权利可能是一个政治敏感度较高的议题。政治从根本上讲是关乎权利的，能力构建和授权的方案可能会导致权利的变化，这些变化可能是一些所谓的"专家"和负责遗产决策的人不愿意看到的。遗产多元化需要各利益相关者群体的参与，这种相关的参与意味着专家不再是文化的经纪人，而是协调人或翻译者。这个议题是民主治理、遗产话语以及管理民主化的一项内容，它可以通过采用能力构建方案、社区参与战略和伙伴关系等方式来开展，就好像"布伦特兰报告"和里约热内卢世界可持续发展大会（Earth Summit, 1992）所建议的方式一样。20 世纪 80 年代后期，世界环境与发展委员会在《我们的共同未来》（布伦特兰，1987）中鼓励采用自下而上的管理方法，对环境资源和文化资源发展的可持续性进行管理。1992 年，在里约热内卢举办的世界可持续发展大会通过其"21 世纪议程"行动计划指出，当决策的位置最接近受到决策影响的地区时，人力、社会和文化资源的可持续性能够得以最好地实现（Stovel, 2004）。最近，人们越来越多地关注合作以及赋予当地社区遗产资源管理的权利，这反映出当前的国际治理趋势以及政策正从管理主义和政府模式向企业主义和治理模式转变（Scott, 2004）。

一、世界遗产的区域和全球价值观

区域的一个固有特征是它们存在于空间尺度的等级中，因此在不同的层次上同时存在不同的地点感（Ashworth, 1998）。世界遗产的发现，无论是在区域、地区、国家还是全球范围内，都可以体现世界遗产地的各种所有制和价值观，对这些内容的识别的设计、起草和谈判过程使得 1972 年通过了《世界遗产公约》（Batisse and Bolla, 2003）。《世界遗产公约》是一个独特的法律文书，它基于这样一种观念："一些文化和自然遗产对世界人民具有显著和普遍的重要性，需要'作为整个人类世界遗产的一部分予以保存'。"（UNESCO, 1972）该公约还基于这样一种信念：这类文化或自然遗产的状况恶化甚至是消失，会对世界各国

第十章 世界遗产政治中的区域与全球关系：社区发展的空间

遗产造成损害。该公约的各缔约国政府也承诺，它们有义务保护这些具有特殊价值的遗址，并为后代保存这些遗址（Labadi，2007）。尽管《世界遗产公约》在全球范围内强调，在起草公约的过程中牢记世界遗产在地方和国家层面上的重要性，第5条规定了缔约国有义务采取一项旨在使文化和自然遗产在社区生活中发挥作用的总体政策。但是关于如何真正做到这一点，没有正式的指导方针，而是每个成员国都必须决定哪种"一般政策"适合其情况，以及政策应该应用到哪个"社区"（其定义和描述本身是有问题的）。第5条还强调了管理和保护遗产的重要性，而不仅限于认识到被承认为世界遗产的重要性，而第12条则强调遗址的价值不会因为不列入清单而减少。

> 未被列入第11条第2、4段提及的两个目录的属于文化或自然遗产类别的遗产，决非意味着在这些目录之外的其他领域不具有突出的普遍价值。
> （UNESCO，1972年，第12条）

在编制暂定清单方面，社区参与亦被强烈建议，也就是说，在未来5到10年内，每个缔约国都会考虑将这些遗产列入《世界遗产名录》。每个成员国都有权酌情编制其领土上可能被认为具有突出普遍价值的遗产暂定清单，以列入有声望的《世界遗产名录》，并决定社区参与或协商的程度。这个过程是通过使用《操作指南》中概述的框架来实现的。自1995年以来，《操作指南》强调了让当地社区参与世界遗产进程的重要性，特别是在提名档案的编制方面。第14段指出，"当地居民参与提名过程使他们感受到与缔约国分担维护遗址的至关重要的责任"（图10.1）。不尽如人意的是，即使在最近几年，负责提名的当局和居住在有关地区的居民之间仍缺乏沟通（ICOMOS，2008）。

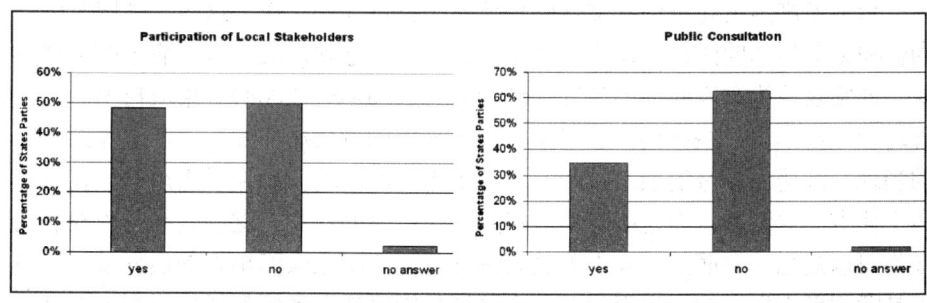

图10.1 利用公众参与和协商编制暂定名单的欧洲缔约国（2005/2006）（Labadi，2007b）

在这个过程中，新增加了一个难题，那就是评估《世界遗产名录》提名地点突出普遍价值的标准的确定，并且真实性已经基于欧洲观点进行了概念化的解释和理解（Labadi，2005），从而与欧洲地区以外的区域的真实性、美学和社会价值的概念相冲突。这种"欧洲偏见"早期在《世界遗产名录》中得到了承认，由于在该名录中占大多数的欧洲遗址正在迅速丧失其作为全人类代表的可信度，人们正试图对其进行纠正，以解决其本身的不平衡问题。世界遗产委员会于1994年通过的《建立具有代表性、平衡性、可信性的〈世界遗产名录〉全球战略》（以下简称《全球战略》）是一个行动计划，其中强调需要根据时间—地区（跨越时间和空间）、主题以及类型的代表性来解决《世界遗产名录》上的不平衡问题，主张同时采取两项举措：

（1）纠正世界各地区之间古迹类型和时期在名单上的不平衡。

（2）与此同时，在研究人类文化遗产时从纯粹的建筑学视角转向更具有人类学特色的、更具多功能性的、更普遍的视角。

随着对世界遗产的界定从使用的宽泛概念转向使用更具人类学特色的概念，新的遗产主题已经确定。例如，"人地和谐"与"社会中的人"是世界遗产委员会所强调的代表性不足的两个主题。与《全球战略》同期通过的《奈良真实性文件》（1994）解决了所谓的在真实性概念上的欧洲偏见，其定义自1977年以来已经在《操作指南》中提供，并且侧重于"设计、材料、工艺和环境"，因此不足以评估世界遗产的价值和多样性（Labadi，2005）。该文件承认，真实性的概念因文化而异，因此一个地点的真实性只有在特定的情况下才能被理解和判断。它还增加了评估真实性的新概念类别，如"传统与技巧"和"精神与情感"，从而使真实性概念更容易适用于多元化的文化背景。

二、世界遗产地的去地域化和重新地域化

世界遗产地被要求依据文件管理体系来推进保护工作，这经常被国家解释为优先采取适当的法律和监管措施来保护遗产。这就形成了自上而下的管理方式，通常表现为政府驱动的管理计划的形式（Stovel，2004）。采取自上而下的管理程序显示出一些倾向：剥夺了在遗产地周围世代居住并与遗产地关系密切的当地社区居民享有的遗产权利；取代了当地的活动；剥夺了当地社区在经济和文化方面的互动，而这些互动被视为与生俱来的权利。这种剥夺公民权利的行为可以是物质层面的，表现形式为建立起一个阻止人们出入的边界墙；也可以是意识形态层面的，表现为对一个区域的国家或全球解释优先于当地的社会价值。这对原住民或少数民族的遗产概念化来说可能是有害的，特别是在国家层面没有认可的情况下。

因此，构建世界遗产地位的方法自1978年第一次确定以来，一般都是从上

面强加给遗产地，把地方到全球的遗址重新地域化，使其成为"人类的遗产"。德勒兹和伽塔利于 1987 年提出的"地域化"和"去地域化"概念代表了空间或领土的不断创造和解体，而"重新地域化"则是指重建领土或空间。文化本身的去地域化是指文化与当地情况的冲突。勒菲弗尔（1974，1992）所发表的空间性理论，鼓励我们不要把空间看作独立的事物（如笛卡尔空间），而要把它看作事物之间的一组关系，这就包括政治和社会关系等。空间是由"空间实践""空间表征"和"表现空间"之间的动态关系产生的。这被称为感知—构想—生活的三位一体（空间方面）。用他的话来说，对世界遗产进行识别和分类是一种空间实践，例如景观或宗教建筑转变为纪念性的古迹。政府机构在保护遗产区方面实施的政策是这种"空间实践"的一个组成部分，然后在管理计划和地图中定义"空间代表"或空间概念。宗教建筑或景观本身就是一个"代表空间"，它可以被解释为通过相关的图像和符号直接进行体验的空间，或者以空间形式表现的象征性意义。由于遗产实践对景观进行了地域化，重新创造了空间，所以景观被重新创造和重新定义，其社会特征也随之改变。这可能导致景观从当地社区的重要意义中分离出来。

大多数被提名为世界遗产的地方已经从当地范围重新地域化到国家范围，被解释为国家和民族的代表。从这个意义上说，国家遗产是有包容性的，因为它有助于建立一个统一的同质国家或"想象的社区"（Anderson，1991）。它为国家行为提供了合法依据和长治久安的表象，因为古代的遗产可以被国家占用，使国家的历史向后延伸。遗产也可以是排他性的，无论是在区域、国家还是全球范围内，对于遗产地的综合论述可能意味着某些利益集团，如原住民或少数民族，因为不赞同归该遗产的意义或价值而被排除在一个国家的"想象的社区"之外。

将遗产地重新地域化到全球层面进一步增加了讨论的空间性和复杂性。由于突出普遍价值这个概念的广泛运用，地方价值观往往被否定或被超越，这种情况就更加错综复杂了。虽然"人类遗产"这一概念，即"保护世界文化和自然宝藏是人类的共同责任"的这一概念，是一个值得称道的概念，但这种概念往往和当地与遗产间深层次的联系相抵触，从而会减少遗址的审美或建筑特质。此外，《世界遗产名录》要求入选遗址具有突出普遍价值，倾向于将主要关注的重点放在一个地点被提名的理由所反映的属性上。这可能意味着没有被认定为关键性问题的因素有时会被忽略搁置。因此，有些国家并不认为世界遗产地当地社区的存在是理想的，因此社区并没有被接纳进入决策过程（ICOMOS，2008）。

因此，列入《世界遗产名录》提名的重要遗址，其遗址边界和缓冲区的划定以及对其执行的政策，都是在行政区划层面上做出的决策，社区参与度很低。在许多情况下，除了一些极少的正面情况外，世界遗产的地位往往是从上向下强加给当地居民，其结果是由于遗产地从地方划归到全球而造成这些群体权利被剥夺。

三、案例研究：马耳他巨石寺庙

考古遗址或世界遗产遗址等遗产实践所形成的重要遗址地域化是一个全球性的过程，如果感到被剥夺了遗产，当地社区就会发生相当大的倒退。以马耳他的巨石寺庙为例，它是由遍布马耳他群岛的6个遗址组成的一个系列世界遗产地。20世纪90年代和21世纪初期，由于该世界遗产地早期实施限制性的政府政策，两座新石器时代的寺庙遗址遭到了令人震惊的破坏。

马耳他的巨石寺庙是世界上最古老的独立式建筑，建筑如此之大，以至于其中的几座都保留到了现在，景观特征依然显著（Grima, Theuma, 2006）。因此，它们是当地社区的重要代表性空间。20世纪70年代，巨石寺庙在国际上声名远扬，大量游客涌入马耳他，导致生活在寺庙遗址及其周围区域中的当地人离开。该现象最为严重的地区是两个寺庙所在的地区——哈加因和姆那拉。这些寺庙周围的景观对当地人来说是一个重要的地方，一些人利用这个地区进行传统的捕鸟活动，以及无处不在的家庭郊游和野餐活动。为了吸引更多的游客到寺庙，停车场和游客设施的建设随着到访游客人数的增长而逐步增加，所以人口流失在这个地区经常发生。20世纪70年代末，一堵钢筋水泥围墙建立起来，改变了该地的社会特征，将寺庙与周围的景观相分离，开始收取门票。20世纪90年代初，本地人的免费入住天数逐渐减少，直到每月一次。作为旅游资源的寺庙的商品化以及当地居民感知到的对传统习俗（如诱捕鸟类）的威胁在1992年《世界遗产名录》寺庙条款中被混合起来，作为吉甘提亚神殿世界遗产遗址的一个延伸（一个以前曾在1982年列出的寺庙）。自相矛盾的是，这一举动使得巨石寺庙由于其高度国际化的重要性而处于比以前更大的风险之中（Grima, 1998）。

政府设法在哈加因和姆那拉周围建立一个世界遗产考古公园，并由此对进入该地区的游客量进行控制，这样的努力反而造成了局面的紧张，导致在寺庙中出现涂鸦的行为。然而，在政府还没有为如何处理这些破坏行为做好准备时，2001年姆那拉又发生了暴力事件，在一夜之间超过60个巨石被推翻（Grima, Theuma, 2006）。这一行为引起了公众和国际社会的愤慨。联合国教科文组织总干事松浦晃一郎形容:"这种卑劣的行为证明了在欧洲和在其他地方一样,人类遗产总会因人类的无知受到伤害。"幸运的是,姆那拉所遭受的大部分损害是可修复的,现在的安全措施也得到了改善,以防止袭击事件再次发生。不幸的是,肇事者仍没有被抓到。究竟是谁进行了袭击?是什么原因?这些都不为人知。造成紧张局势和发生后续袭击的最可能的原因似乎是寺庙的全球价值观与当地价值观和利益相冲突。把遗迹列入《世界遗产名录》使当地社区一些成员产生了被剥夺感,而不是自豪感(Grima,Theuma,2006)。于是在后来的世界遗产地管理计划的起草过程中,之前从当地社区剥夺的当地居民对寺庙及其周边景观享有的权利又被纳入其中,因此协商和建立共识成为这一进程的一个重要组成部分。马耳他的遗产文物管理机构已经做出了进一步的努力,以帮助当地居民理解寺庙是他们自己的遗产,而不仅仅是游客的遗产。一个新的游客中心正在考古公园内建设,这个考古公园包括哈加因寺庙、姆那拉寺庙和塔尔欣寺庙遗址,也是世界遗产中的一部分。这些游客中心将重点利用遗产地作为供学校群体和普通人群参观的教育资源。这些游客中心预计将对大部分马耳他公众对于国家遗产的欣赏产生积极的影响。

四、世界遗产政治中的区域——全球联系

从上述内容可以看出,有必要将世界遗产在全球和区域两者之间的联系概念化,因为遗产所有权的问题和对关心的问题做决策的能力在世界遗产地管理的每个空间层面都会涉及。正如我们所看到的那样,当全球价值观念和遗产概念是以牺牲地方价值为代价来推动的时候,就会出现紧张的局势,从而导致被保护的东西遭破坏。

世界遗产委员会承认,世界遗产地必须承认普遍价值和本土价值之间的联系,才能有一个可持续的未来(Millar,2006)。这可以被解释为呼吁同时采用自上而下和自下而上的方式来管理世界遗产地,并使世界层面和地域层面的世界遗产观念相联系。为了帮助区域和全球之间的联系实现概念化,我们采用了区域—全球联系的概念(Alger,1988)。当地社区和全球的联系反映了区域和全球(以及国家和地区之间的层面)相互联系和互相渗透的力量(图10.2)。它是展现全球化和本土化趋势之间的紧张关系的舞台,也是在"全球文化"和话语普遍化的推动下对地域和地域认同结果进行理想化的理想概念空间。罗伯逊认为,区域与全球的联系是一个双重过程,涉及"对特殊的普遍化解释和对普遍的特殊化解释"(Robertson,1992)。

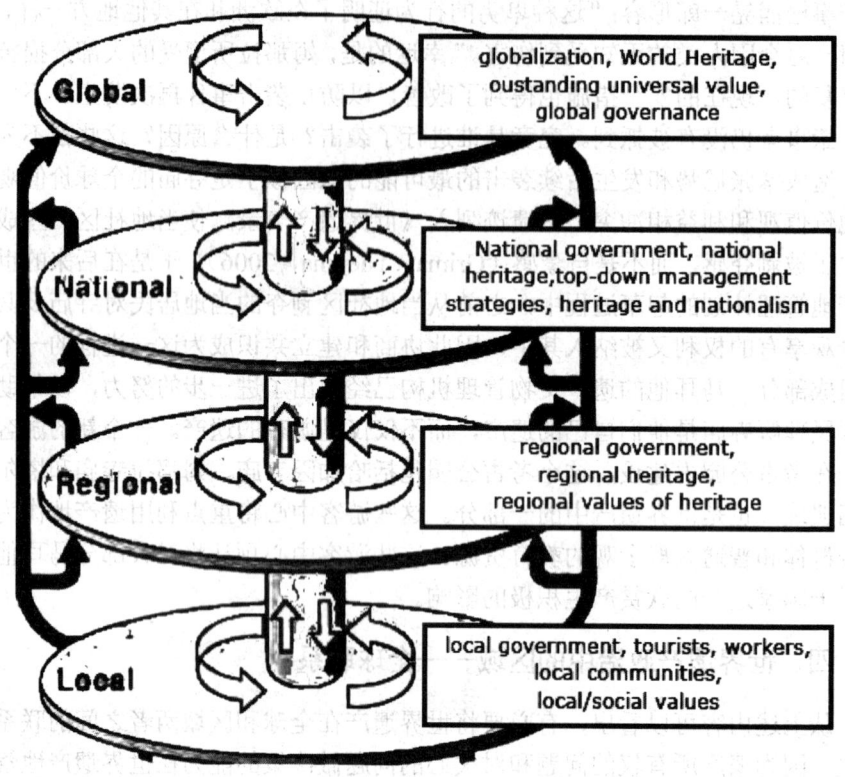

图 10.2 世界遗产政治中的区域—全球联系（Milne & Ateljevic，2001）

罗伯逊认为，全球化和本土化的力量不仅会产生相互之间结合的冲突和碰撞，"全球本地化"这一概念表明了外部力量与本土力量的结合及其对当地条件的适应。这两个维度的结果在全球化文献中一般被定义为区域与全球的联系纽带。就世界遗产而言，"突出普遍价值"的概念已经在全球（普遍主义）层面上提出，并实施了一个评估、提名和管理遗址的特定框架。然而，文化背景的变化意味着这个普遍性框架可以用不同的方式来解释，并适应特定的语境，从而实现"全球本地化"。这个"全球化"的空间是世界遗产政治中的区域—全球联系。一个关于世界遗产和遗址管理的全球理念可以适应特定的文化背景，将当地的价值观、地方性的认识方式和当地的管理方式纳入比以前更大的考量体系。对与世界遗产地相关的特质和当地价值的认识也可以形成与全球化的对立。

五、案例研究：非洲世界遗产基金会

社区传统管理系统更多地应用于世界遗产地的管理，当地居民与政府部门合作是一种社区发展模式，可以使当地居民在经济和社会层面上从遗产中受益。非洲世界遗产基金会（AWHF）利用世界遗产促进社区发展的尝试，为我们提供了一个有益的实例。

AWHF 的成立是南非、贝宁、尼日利亚、埃及和津巴布韦等国的一系列讨论和磋商的成果。这些国家反映的问题代表了非洲各国的关切，即非洲的世界遗产需要资金用于遗产维护、能力构建和提高认识，并在执行《世界遗产公约》时需要帮助。自 2006 年成立以来，该基金会一直与签署《世界遗产公约》的非盟成员国合作，协助它们保护非洲的文化和自然遗产。AWHF 提出的管理方法代表了世界遗产管理性的新方法，也是《世界遗产公约》框架内的第一个区域性融资倡议（AWHF，2008）。

非洲各国的民族、文化和区域多样性是非常显著的。许多非洲国家在执行《世界遗产公约》时应对挑战所使用的泛非洲方法是向前迈进的最好途径。非洲世界遗产基金会的主要功能是调动非洲各国政府和他们的同仁、捐助机构、非政府组织、基于社区的组织（CBO）与私营部门等参与解决《世界遗产公约》实施过程中遇到的非洲国家共同面临的方方面面的挑战，例如拟定暂定名单和提名档案、制定现场管理计划、培训现场管理人员与保护和介绍该地区的地点（Rajak and Murimbika，2008）。基金会工作的进行还将依靠其他几个国际战略伙伴，如世界遗产中心、非洲联盟和世界遗产委员会的咨询机构：ICCROM，ICOMOS 和 IUCN。通过与遗产机构建立强有力的伙伴关系获得的所有信息将被应用于有不同地域背景的非洲地区，这将有助于基金会获得宝贵的知识资源。这些资源是非常实用的，并且与非洲息息相关。此外，AWHF 提出通过减贫、社区赋权和社会包容等方式，利用非洲文化资源作为可持续发展的手段。当地社区参与管理非洲大陆的世界遗产被视为赋予当地社区权利的一种方式，这使他们能够通过自己的社区解决极端贫困问题（Rajak and Murimbika，2008）。我们需要认识到，作为一个发展中的非洲，对于遗址的保护有利于当地经济的发展，非洲世界遗产基金会设立了营销和品牌推广的机构——NHERIT，以确保促进非洲的世界遗产被可持续地管理和利用于提升旅游业、企业与教育的发展水平，并被推广到世界层面（Rajak and Murimbika，2008）。通过这个项目，AWHF 的目标是：

（1）提高对非洲遗产的认识；

（2）鼓励参观非洲的世界遗产；

（3）刺激当地非洲社区内的企业发展。

最终，在非洲和世界其他地方树立对（非洲）遗产的自豪感，以创造一个更加积极的形象（Nherit，2008）。

从这个简短的案例研究可以看出，非洲世界遗产基金会代表了一个实施《世界遗产公约》的区域性方法，通过世界遗产地管理促进遗产话语的民主化和社区发展方案的完善。它凸显了区域—全球联系的潜力，可以为地方社区赋权，促进惠益。在这种情况下，世界遗产的全球化理念和价值观已经在区域范围内进行了调整和应用，为非洲世界遗产地的推广和管理创造了一个统一的非洲模式。然后，在当地人的合作下，将这种区域方式应用于当地，为当地社区带来经济和社会效益。

六、结论

参与世界遗产保护工作的人们可以从"21世纪议程"中获得灵感，该议程是里约热内卢世界大会的成果之一。该方案强调了在所有空间和政治层面采取环境行动的必要性，以及环境保护主义者鼓励全球环保意识的基层方针，"本地行动，全球思考"这样的口号就是例子。这些观念突出了区域和全球层面在环境保护方面的联系，这种思路可以应用于对世界遗产地的管理，也就是同时承认和尊重遗产的区域价值和全球价值，同时要求每个空间层面的各关键利益相关主体共同参与。

世界遗产系统最近开始采取自下而上的方式，涉及当地社区的区域管理范围比以前更大。世界遗产委员会认识到传统形式的管理和保护的重要性，在鼓励缔约国采取适当的自上而下的法律和制度管理的同时推进社区参与和公众参与的管理战略。推进相关工作的基本前提是：遗产不仅受到强有力的法律的保护，而且会因人们对遗产价值的广泛共识以及在社区发展中的重要性得到保护（Stovel，2004）。世界遗产可能被认定为"人类遗产"，但从长远来看，世界遗产所在的当地社区在未来需要得到有效的管理和保护。

参考文献：

1. Alger, C. 1988. Perceiving, analyzing and coping with the local-global nexus. International Social Science Journal, Vol. 117, pp. 321-40.

2. Anderson, B. 1991. Imagined Communities: Reflections on the Origin and Spread of Nationalism. London, Verso.

3. Ashworth, G. 1998. Heritage, identity and interpreting a European sense of place. In: R. Ballantyne and D.L.Uzzell (eds), Contemporary Issues in Heritage and Environmental Interpretation: Problems and Prospects.London, The Stationary Office, pp. 112-132.

4. Batisse, M. and Bolla, G. 2003. The Invention of 'World Heritage'. Paris, Association des Anciens Fonctionnaires de l'UNESCO (AAFU), Club Histoire. (History Papers 2.)

5. Cochrane, J. and Tapper, R. 2006. Tourism's contribution to World Heritage site management. In: Leask and Fyall (eds), op. cit., pp. 100-09.

6. Deleuze, G. and Guattari, F. 1987. A Thousand Plateaus:Capitalism and Schizophrenia. Minneapolis, University of Minnesota Press.

7. Grima, R. 1998. Ritual spaces, contested places: the case of the Maltese prehistoric temple sites. Journal of Mediterranean Studies (University of Malta, The Mediterranean Institute), Vol. 8, No. 1. pp. 33-45.

8. Grima, R and Theuma, N. 2006. The Megalithic Temples of Malta: towards a re-evaluation of heritage. In: Leask and Fyall (eds), op. cit., pp. 264-72.

9. Hall, C. and McArthur, S. 1998. Integrated Heritage Management: Principles and Practice. London, The Stationary Office.

10. ICOMOS. 2008. Outstanding Universal Value: Compendium on Standards for the Inscription of Cultural Properties to the World Heritage List. World Heritage Committee 32nd Session Documents.

11. Labadi, S. 2005. A review of the Global Strategy for a Balanced, Representative and Credible World Heritage List 1994-2004. Conservation and Management of Archaeological Sites, Vol. 7, No. 2. pp. 89-102.

12. Labadi, S. 2007a. Representations of the nation and cultural diversity in discourses on World Heritage. Journal of Social Archaeology, Vol. 7, No. 2. pp. 147-70.

13. Labadi, S. (ed.). 2007b. World Heritage: Challenges for the Millennium. Paris, UNESCO World Heritage Centre.

14. Lefebvre, H. 1974. The Production of Space. Translated by D. Nicholson-Smith, 1992. Oxford, UK, Blackwell.

15. Leask, A. and A. Fyall. (eds). 2006. Managing World Heritage Sites. Oxford, UK, Butterworth-Heinemann.

16. Millar, S. 2006. Stakeholders and community participation.In: Leask and Fyall (eds), op. cit., pp.37-54.

17. Milne, S. and Ateljevic, I. 2001. Tourism, economic development and the global-local nexus: theory embracing complexity. Tourism Geographies, Vol. 3, No.4. pp. 369-93.

18. Rajak, L. and Murimbika, M. 2008. World Heritage as a social and economic development key-a case for marketing African sites under one brand. In: R. Amoeda et al. (eds), Heritage 2008 -World Heritage and Sustainable Development, 2 vols. Barcelos, Portugal, Green Lines Institute for Sustainable Development.

19. Robertson, R. 1992. Globalization-Social Theory and Global Culture. London, Sage.

20. SouthAfrica.info. 2005. Fund to Maintain African Heritage.Brand South Africa.

21. Stovel, H. 2004. Top-down and bottom-up management.ICCROM Newsletter, Vol. 30, pp. 16-17.

22. UNESCO. 1972. UNESCO Convention concerning the Protection of the World Cultural and Natural Heritage. Adopted by the General Conference at its seventeenth session, Paris, 16 November 1972. Paris, UNESCO.

23. WHC. 2007. Proposal for a "Fifth C" to be added to the Strategic Objectives. Paris, UNESCO World Heritage Centre. (WHC-07/31.COM/13B.)

网络资源：

1. AWHF. 2008. African World Heritage Fund. http://www.awhf.net (Accessed 1 October 2008.)

2. Brundtland Report. 1987. Report of the World Commission on Environment and Development:Our Common Future. http://www.un-documents.net/wced-ocf.htm (Accessed 23 March 2010.)

3. Cardno Acil. 2007. Glossary. Cardno Investments Party Ltd. http://www.acil.com.au/glossary.htm (Accessed 28 July 2008.)

4. Earth Summit. 1992. UN Department of Economic and Social Affairs, Division for Sustainable Development.http://www.un.org/esa/dsd/agenda21/.

5. Nherit. 2008. Our African Heritage. http://nherit.com (Accessed 1 October

2008.)

6. SouthAfrica.info. http://www.southafrica.info/africa/whcfund-120705.htm (Accessed 18 October 2008.)

7. UNESCO. 2001. Director-General shocked by vandalism of Megalithic Mnajdra Temple in Malta. Paris, UNESCO. http://www.unesco.org/bpi/eng/unescopress/2001/01-58e.shtml (Accessed 1 October 2008.)

第四部分
社区参与的最佳实践模式

第十一章　保护区与农村地区的发展：
　　　　　以乌干达西部的世界遗产地为例

詹姆斯·伊鲁科·奥克威尔（James Ilukol Okware）和克莱尔·凯文（Claire Cave）

　　生物多样性保护和扶贫是当今全球社会面临的两大挑战。世界自然基金会的《地球生命力报告》显示，从1970年到2003年，陆生脊椎动物种群减少了大约30%（WWF，2006）。当把减少的物种区分为热带物种和温带物种时，结果显示热带物种平均减少了55%。伴随着这个令人担忧的物种消失率的是同等程度的人为干扰造成的自然栖息地消失。几乎所有的地球生物群落都是因人类活动而遭受了栖息地的丧失、退化和破碎化。对近三百年来人类土地利用方式的研究表明，森林或林地面积减少了29%，干草原、热带草原或草原减少了49%，灌木林地减少74%，苔原、热带沙漠或冰沙漠减少了14%（Goldewijk，2001）。没有迹象表明这些趋势正在减缓：自然栖息地迅速地被转化成农田、牧场和其他用途的用地。

　　最令人担忧的是世界人口的增长，目前估计人口总数为61.5亿，到2050年预计将增加到91亿（联合国人口司，2007）。全世界几乎有一半的人口，即27亿人口，每天生活费不足2美元；有7亿多穷人生活在农村，依靠生态系统的生产力谋生（IUCN，2006）。

　　在过去十年间，这些问题已经号召国际社会为扶贫和保护生物多样性做出了前所未有的国际承诺。2001年，国际社会通过了"千年发展目标"，其主要目标之一就是到2015年将全球贫困人口减半，并确保环境的可持续性。同样，1992年在里约热内卢地球首脑会议上签署的《生物多样性公约》确定了保护和明智利用生物多样性的全球议程。该公约（第1条）有三个方面的目标：保护生物多样性、可持续利用其组成部分、公平和公正地分享利用遗传资源所产生的惠益。2002年在约翰内斯堡举行的可持续发展全球首脑会议上，国际社会做出进一步的承诺,"到 2010 年大幅度降低目前的生物多样性的丧失速度"。2004年,《生物多样性公约》的第七次缔约方大会制定了一系列目标,作为监测实现《生物多样性公约》目标和 2010 年生物多样性目标进展情况的框架的一部分。这些目标包括:

(1) 每个世界生态区至少有 10%的区域得到有效保护(到 2010 年);
(2) 保护对维持生物多样性特别重要的地区;
(3) 受威胁物种的状况得到改善,物种种群数量减少的趋势放缓;
(4) 不可持续生物资源的消耗减少。

正如这些目标和指标所表明的那样,保护区的建立是保护生态环境、减少生物多样性丧失的重要世界性保护战略。政府、保护组织、民间社会和个人在 20 世纪通过建立保护区来应对物种丧失(Adams,2004)。世界保护区数据库(WDPA)中包括了 113707 个共占地 1960 万平方公里的区域(Lockwood et al.,2006)。2003 年的第五届世界公园大会庆祝了 20 世纪的重大成就之一:在超过 11.5%的地球表面上建立了保护区(Mainkaet et al.,2005)。这几乎比 1962 年增加了四倍,当时保护区覆盖率是地球表面的 3%。值得注意的是,过去十年来保护区的开发一直局限在发展中国家和陆地生态系统内。在海洋、淡水和沿海生态系统中,保护区的覆盖面仍然存在很大差距(Fisheret et al.,2005)。

《世界遗产公约》在实现《生物多样性公约》目标和 2010 年目标的全球努力中显然发挥着重要作用。其指定的自然世界遗产被列入《世界遗产名录》,因为它们是:"代表陆地、淡水、沿海和海洋生态系统以及动植物群落的演变和发展中正在进行的重大生态和生物进程的杰出范例;并且/或者,从科学或保护的角度来看,它们包含了对于生物多样性就地保护最重要和最有意义的自然栖息地,包括那些含有突出普遍价值的受威胁物种"(WHC,2005)。

迄今为止,《世界遗产名录》由 890 个项目组成,其中文化遗产 689 项,自然遗产 176 项,混合遗产 25 项。自然和混合的世界遗产地面积大于 1713118.34 平方公里,占地球表面的 1%左右。所有的生物群落区(由乌德沃里在 1975 年定义)都包含世界遗产地内(冬季寒冷的沙漠除外),所列的自然遗产地代表了超过一半的地理省份(Magin and Chape,2004)。

然而,在全世界,特别是在热带地区,保护区受到严重威胁,且资源遭受非法使用,导致其生物多样性丧失(Carey et al.,2000)。目前,保护区的完整性和保护价值受到的威胁主要来源于邻近的人类社区。靠近保护区的许多人往往直接依靠自然产品和提供相关服务谋生。保护区及其相关资源直接或间接地为生活在极端贫困中的约 120 万人提供了大约 90%的生计来源,它的自然环境支撑着发展中世界近一半人口的农业及粮食供应（Fisher et al.，2005；Mainka et al.，2005）。

这种情况在《世界遗产名录》的自然遗址中是明显的。《世界遗产公约》包括这样一条内容，即一个濒临消失的遗址如果凭借其杰出的价值成功入选《世界遗产名录》就可以被列入《濒危世界遗产名录》。这是一个突破这些地区困境的机制，并可以动员更多的国家和国际支持来缓解这些威胁。尽管《世界遗产名录》中的文化遗址数量（689 个）几乎是自然遗址（176 个）的 4 倍，但在《濒危世界遗产名录》中文化遗产只比自然遗产略多（包括 17 个文化遗产和 13 个自然遗产，其中包括 1 个混合遗产）。同样，在过去曾被列入《濒危世界遗产名录》的 24 处遗址中，有 12 处是文化遗产，有 12 处是自然遗产。表 11.1 列出了危险名单中影响自然遗产的威胁。

表 11.1 世界遗产自然遗址所遭受的威胁

威胁	遭受威胁的遗产数目[①]
偷猎	8
政治动乱、武装冲突、战争	5
难民	5
放牧	4
毁林	3
耕种	2
采矿	2
旅游与城市化	1
污染	1
物种入侵	1
大坝开发	1

资料来源：WCMC（2008）。

首先，武装冲突和随之而来的难民大量涌入是主要问题。例如，1994 年 7 月至 1996 年 9 月，约有 150 万至 200 万卢旺达人在刚果民主共和国避难，并在可能的地方，包括国家公园和世界遗产地等安顿下来。燃料木材、食品和建筑材料需求的增加给保护区内的自然资源带来了巨大的压力。其次，表 11.1 所示的最广泛的威胁还涉及不可持续的资源利用，包括放牧、耕种和偷猎——这都

[①] 有些遗产受到不止一个因素的威胁，所以遭受威胁遗产的总数是飞速增长的，其中有 11 处遗址位于非洲。

是保护区面临的普遍问题。从历史上看,保护区建设所持的态度是通过为自然保留空间,排除人类影响来创造出原始的荒野地带。建立保护区通常涉及收回土地和(或)逐出当地居民、限制对自然资源的攫取和土著人民的活动以及防止消费利用。这便是所谓的堡垒保护方法(Adams and Hulme, 2001)。这种做法从 1872 年第一个国家公园——黄石公园开始,之后又传播到其他国家和大陆。南半球的西方国家特别乐意实施这种做法。它是一种带有集中性的、国家层面的、专制特点的方法(Lockwood and Kothari, 2006)。

1987 年"布伦特兰报告"发布和 1992 年在里约热内卢举办联合国环境与发展会议之后,随着各国对可持续发展概念认知的加深,对管理保护区的态度发生了变化。可持续发展的概念鼓励将自然栖息地、物种和生态系统作为可开发的自然资源进行管理,以促进发展和保护目标的实现(Hulme and Murphree, 2001b)。越来越多的人认识到当地居民及土著社区对其环境有支配权利,并在对他们的生活有影响的决策中拥有发言权(Lockwood and Kothari, 2006),这种看法支持了人们的"范式转变"。将排除性看作保护区最有效的管理手段的想法肯定会被慢慢舍弃,这不仅源于人们对当地社区的关注,还因为有证据证明它不起作用。保护区管理不善,缺乏监督,公园的工作人员经常资金不足,没有足够的设备来处理越来越多的当地社区入侵、偷猎、破坏等事件。对因建立国家公园而被驱逐的当地土著社区缺乏支持,通常赔偿很少或没有赔偿。

例如,西蒙国家公园(埃塞俄比亚)于 1969 年宣布建立,并于 1978 年被列为世界文化遗产。大约有 2500 名阿姆哈拉人住在公园内,但在 1978—1979 年间和 1985—1986 年间,大约有 1800 人被强行驱逐。这是一个极其令人诟病的政策,在今天依然令当地人仇视这个公园。由于政府明显更关注野生动物而不是当地社区,计划与居民合作管理公园的政策就只能被束之高阁。1996 年,由于人类的定居、放牧和耕种,西敏羱羊(Walia ibex)的种群数量严重下降(WCMC, 2008),世界遗产委员会把公园列入危险名录。

在世界遗产地玛纳斯野生动物保护区(印度),博多(Bodo)部落人民生活在保护区的周边地区。造纸和木材工业已经采伐了毗邻公园的森林,移居的农民非法进入和购买被开垦的土地。这迫使博多部落人民通过消耗保护区自然资源的方式来生存。因此,公园管理方拒绝当地居民获取生计的做法与之造成了冲突。这导致了当地全民学生联盟的独立派成员为了保卫当地居民使用林地的权利而暴力占领公园。随之而来的混乱为偷猎者和走私者潜入公园创造了机会,造成了包括犀牛、大象和老虎在内的数百种动物被杀害。1992 年,玛纳斯野生动物保护区被列入濒危名单(WCMC, 2008)。

这些情况是当今许多保护区都在面对的典型问题。然而，随着各国通过减贫战略文件（PRSP）和国家生物多样性行动计划（NBAP）实现对"千年发展目标"和《生物多样性公约》的承诺，保护区面临越来越大的亟须当地社区参与管理的压力（Western et al., 1994; Hulme and Murphree, 2001a; Scherl et al., 2004）。同样，考虑到保护区土地还有其他的替代性的利用方式，可以为地方和国家带来收入，并且越来越大的压力可以说明保护区对邻近这些地区的国家发展和生计的经济贡献水平（Salafsky and Wollenberg, 2000）。这种压力部分是由于保护区在维持附近社区的生计方面所发挥的作用不足，以及与这些地区相邻的社区发展策略没有充分利用保护区提供的机会。我们需要提高农村地区的发展水平，保护生物多样性，在景观层面提高生产力，这种观点已经成为全球共识。

为了使保护区成为保护生物多样性的场所，他们需要通过满足邻近社区的生计需求来争取当地对保护区的支持。为此，有必要了解目前保护区对社区生计和生存策略的影响。这种洞察力将使管理层与利益相关者一起为当地社区确定适当的可持续战略，以满足他们的生计需求，并减少对公园环境的破坏性做法。迄今为止，几乎没有人尝试系统地评估或测量居住在保护区附近的人们的资源使用情况（Salafsky and Wollenberg, 2000）。

乌干达鲁文佐里山国家公园世界遗产地十年管理计划的研究重点之一是了解保护区在当地社区生计中的作用，并解决社区参与保护区计划的问题。为了解决这些问题，在公园附近8个县的16个村庄开展了为期6个月的初步研究项目。采样的范围是从公园边界4米至9公里处，共随机抽取240户居民进行调查，并根据家庭社会经济特征收集数据（Okware, 2006）。

鲁文佐里山脉是艾伯丁裂谷的一个部分，沿着刚果民主共和国东部和乌干达西部的边界跨越赤道。该山脉超过75%的部分位于乌干达，其余的在刚果民主共和国。该公园面积近10000公顷，覆盖了鲁文佐里山脉国家公园中心和东半部的大部分地区。这个范围内的一部分也是刚果维龙加国家公园的一部分，与鲁文佐里相连约50公里（参见图11.1）。鲁文佐里山脉海拔高到5109米，包含非洲第三、第四和第五高山。虽然山峰靠近赤道（由于气候变化会导致冰雪覆盖面积减少），但却是尼罗河最古老的水源地。山区滋养着非洲最丰富的山地动物群，传说中这里是巴松佐和巴班人民的家园（WCMC, 2003）。

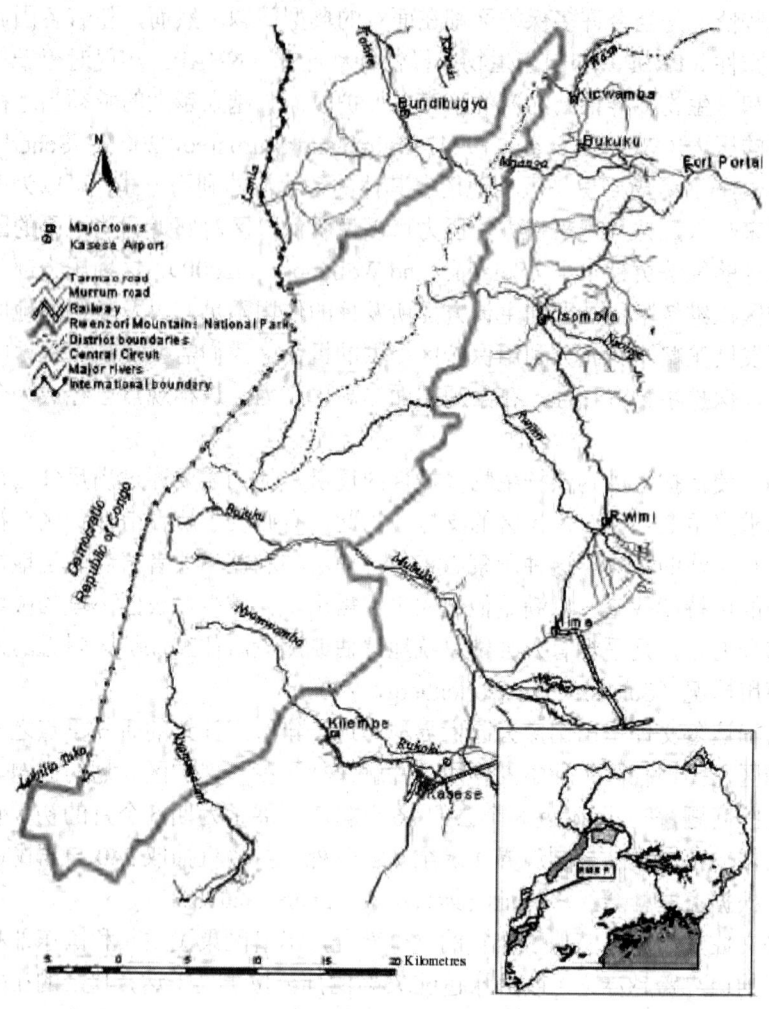

图 11.1　鲁文佐里山脉国家公园边界线（粗线）

在参与项目调查的 240 个家庭中，绝大多数是巴松佐人（87.9%）。最接近鲁文佐里山国家公园的家庭都是巴松佐人，离公园较远的是其他部落的成员（Batoro，Alurmade，Samia，Banyankole and Lugbara）。在接受调查的家庭中，约 60% 在不到 30 年的时间内定居在此。在过去 5 年中，有 7.9% 的人来这里定居，这说明了新移民的迁入率。迁入该地区的主要原因包括：有亲戚定居于此（约占 50%）、土地（35%）和就业潜力的存在（5.8%）。

受访者没有什么资产可以维持生计。大部分人通过继承父母的财产来获得一部分（75%）土地。由于家庭被限制在越来越小、越来越分散的地区，未来这一代的财产细分将受到严重限制。实际上，平均每户拥有的土地面积为1.15公顷，大部分住户（90%）居住范围为0.2公顷（该值为0.2~2.4公顷）。一个家庭拥有的土地面积不取决于离公园的距离。在教育方面，37%的受访者完全没有接受过教育，45%的接受过小学教育，其余的18%接受过普通教育，有些人拿到了证书和文凭。

大多数受访者是农民（87%），他们是以种植业为主要生计策略，其次是畜牧业。咖啡是占作物收入78%的主要经济作物。少数受访者（5.4%）是自雇人士，在商店、摊位或路边出售货物，其余则是公务员、铁匠、学生和导游。表11.2显示了家庭参与的各种生计活动以及每项活动对被调查者生计的贡献。鲁文佐里山国家公园的居民生计包括收集蜂蜜、棕榈油、蔬菜和蘑菇以及锯切木材等，几乎所有（70%）公园周边社区的居民也依靠公园获得木柴、水、药用植物、竹子和建筑材料等物资。竹子虽然用于建筑、乐器、食品、燃料和工艺材料生产等，但并不在公园外栽培。然而，家庭使用公园资源的可能性随着距公园距离的增加而减少。同样地，公园所雇佣家庭的比例随着离公园距离的增加而急剧减少。大部分（78%）家庭的成员和亲属没有被公园雇用，这些被公园雇用的人的主要工作是划分边界和引导游客。此外，公园不销售工艺品，只有1.1%的工艺品是通过公园出售的。大部分的工艺品销售是通过市场和社区团体进行的。

表 11.2 家庭生计活动

生计活动	参与活动的家庭	该项活动对家庭总体生计的贡献
农业	87%	27%
休闲劳动力	51%	16%
小商业	44%	14%
从鲁文佐里山国家公园收集自然资源	44%	14%
工艺品	43%	13%
移居亲属的经济支援	21%	5%
公园就业	22%	6%
移民	15%	5%

资料来源：WCMC（2008）。

由于购买木材的人数随着离公园距离的增加而增加，人们正通过在林地种植树木和以木材交易为生计来源来适应这种需求和木柴的稀缺现状。柴火是大多数发展中国家主要的、负担得起的能源资源，在乌干达是主要的燃料来源。公园附近的当地人对燃料的需求是日常管理的一个问题，燃料短缺给家庭造成了很高的经济和社会成本。采购柴火是家庭妇女和儿童的优先事项，长途跋涉寻找柴火不仅使妇女和儿童处于危险的境地，而且使儿童没有办法去上学。

受访者被要求确认他们家庭面临的最大问题，最令人担忧的问题包括作物病害（84.6%）、缺乏资金（74.2%）、土地不足（69.8%）、粮食不足（54.2%）、野生动物问题（56.7%）和高粮价（54.2%）。农民还认为土壤枯竭和水土流失是关键问题，而疾病、缺少土地和小偷的盗窃是牲畜的主要威胁。这些问题衡量了社区在其无法控制的外部因素影响下的脆弱程度。世界银行（2001）从三个层面对贫困进行了界定：缺乏资产和收入、无力和脆弱以及缺乏经济机会。脆弱性是衡量穷人对外部因素（如自然灾害、市场、干旱、粮食供应和价格的季节性趋势等）的易受影响程度的一个指标，这些因素可能对其生存能力产生严重的负面影响。村民解释说，他们通过减少饭量、降低食物的质量、借钱、售卖柴火与其他家庭资产、迁移和送孩子去亲戚家等手段应付困难时期。

村民最大的压力之一就是战争。在乌干达内战期间，反叛集团在1997年到2001年使用鲁文佐里山国家公园作为营地。森林和山脉为叛乱分子提供了避难所，是食物、水、天然药物和燃料的来源。冲突期间许多人流离失所，被迫逃往保护营。治安的混乱使得公园工作人员无法控制和管理该地区，对猎物和其他资源的密集猎取升级，结果是野生水牛在乌干达已经灭绝，以前许多丰富的物种现在也变得罕见（Okware, 2006; WCMC, 2003）。该公园于1999年被列入濒危名单，最终在2004年从濒危名单中删除。虽然鲁文佐里山国家公园的情况有所改善，但邻国的维龙加国家公园因为存在武装冲突和保护区的管理能力不足等问题依然在濒危名单中。因此，公园安全问题仍然是一个严重的问题。事实上，在调查中，居住在附近的居民证实，如果能够确保在未来可以维持和平，他们愿意付出更多的努力。

乌干达如今的保护政策和做法可以追溯到英国殖民当局的要塞保护方式，即公布之后再对保护区进行管理，导致当地使用自然资源的人流离失所。但是，现在土地使用政策改革进程制定了减轻贫困和保护环境的法规与战略，包括突出社区问题和社区保护的规定。乌干达宪法规定，国家应当代表乌干达人民保护重要的自然资源，如土地、水、湿地、矿物、动植物等，创造和发展公园与保护区，保护乌干达的生物多样性（Barrow et al., 2001; Okware, 2006）。

包括鲁文佐里山国家公园在内的野生动植物和保护区的管理工作在2000年乌干达《野生动植物法》（Okware, 2006）的指导下进行。该法令授权乌干达野生动物管理局（UWA）负责保护区内外的乌干达野生动物管理工作。根据该法案，董事会被旅游和工商部长任命为 UWA 管理机构。

乌干达政府制定了 2025 年远景目标，这是该国长期发展的框架，具体为：富裕的人民、和谐的民族、美丽的国家。它重点阐述了深化环境资源可持续利用政策，加强妇女的环境管理参与，发展无公害环境的战略（财政、规划和经济发展部）。政府还制定了消除贫困行动计划（PEAP）。该计划认识到让穷人创收的机制是确保环境能够继续支持农业生产、开发可替代能源和保证粮食安全等。为了将这些承诺变为现实，UWA 的其中一个目标是增强其为野生动物服务的能力，致力于为政府的农村消除贫困任务做出贡献。同样，鲁文佐里山国家公园通过的十年经营计划（2004—2014 年）的研究重点之一是对公园周围的人进行生计分析，以确定他们对保护区资源的依赖程度。此外，为了关注社区问题，社区保护区机构已经建立。这是与 UWA 合作处理影响社区与公园关系问题的地方社区委员会。该委员会是根据 2003 年到访鲁文佐里山国家公园的联合国教科文组织自然保护联盟代表团提出的建议而设立的，当时这个保护区还在濒危名单上。这些举措改善了公园工作人员和那些与保护区接壤的社区之间的关系。然而，社区保护区机构成员由相关村庄、教区、分区县和区的主席选举，政治家参与保护区机构工作可能会导致未来的政治紧张和挑战。

对鲁文佐里山国家公园附近居民的初步生计分析证实，当地人的生计依靠保护区。该公园是蜂蜜、柴火、药用植物、野果、蔬菜、棕榈油、工艺材料和竹子等资源的来源。研究区域的贫困程度较高，具有耕地少、家庭规模大、收入低、教育设施匮乏和性别差异大的特征。

这个项目已经开始试图量化鲁文佐里山国家公园在维持当地社区的生计以及当地居民的价值中所起的作用。调查显示，公园对当地居民的价值可能会随着外部环境的变化以及食品价格、农作物疾病等因素对食物供应量的影响而波动。当地人对公园资源的利用行为很普遍，在接受调查的 240 户中，有 152 户承认他们直接从自然资源中受益。尽管乌干达保护区有鼓励资源可持续利用的政策和积极的立法环境，但园区当局与周边社区之间还没有签署关于当地居民使用资源情况的合作备忘录。因此，目前居民对资源的使用是非法的。项目结果表明，为了准备合作备忘录，需要强调让当地人意识到当地资源的有限性，并知道如何以及何时可以使用资源。鲁文佐里山国家公园对当地居民的价值是当地居民防范农业生产暂时衰退的投资，保证必要时可以获得特定资源是当地居民社区参与保护和维护公园资源的重要动机。

公园还有潜力为当地人创造就业机会，无论是直接参与公园管理，还是间接从事旅游工作。调查显示，通过出售手工艺品和当地生产的食品，旅游收入的潜力并未得到充分发挥，因此还有可能考虑扩大当地社区参与提供旅游服务的范围。鲁文佐里山国家公园是乌干达为数不多的保护区之一，这个保护区允许当地社区向游客提供服务。一个典型的例子是某个当地的非政府组织为鲁文佐里山国家公园提供登山活动服务，维护主要的登山旅游路线和公园中的远足活动设施。

促进养蜂业和木材燃料林地的发展是支持当地生计和缓解园区内不可再生资源利用压力的战略实例。例如，本扬加布养蜂人社区是卡巴罗莱地区的一个非政府组织，它致力于促进农民可持续地养蜂，并提供进入外部市场销售蜂蜜的机会。此外，与当地农民合作制定政策，减轻野生动物问题的影响，保护牲畜免受盗贼的侵害，将减少一些外部因素对农民生计的影响。

最后，位于公园边界附近的所有被调查家庭都是巴松佐人。鲁文佐里是巴松佐人历史、社会、政治、经济和精神生活的核心（Stacey，1996）。任何有关鲁文佐里山国家公园的管理政策都应该考虑到巴松佐人及他们在管理自然资源方面的知识与经验的价值。巴松佐人在社区保护区机构和公园管理咨询委员会中应该有足够的话语权，这对促进地方参与保护的合作关系至关重要。

参考文献：

1. Adams, W., Aveling, R., Brockington, D., Dickson, B., Elliot, J., Hooton, J., Roe, D., Vira, B. and Wolmer, W. 2004. Biodiversity conservation and the eradication of poverty. Science, Vol. 306, pp. 1146-49.

2. Adams, W. and Hulme, D. 2001. Conservation & community-changing narratives, policies & practices in African conservation. In: Hulme and Murphree (eds), op. cit., pp. 19-23.

3. Barrow, E., Gichohi, H. and Infield, M., 2001. The evolution of community conservation policy and practice in east africa. In: Hulme and Murphree (eds), op. cit., pp. 59-73.

4. Carey, C., Dudley, N. and Stolton, N. 2000. Squandering Paradise? Gland, Switzerland, WWF-World Wide Fund for Nature. International.

5. Fisher, R.J., Maginnis, S., Jackson, W.J., Barrow, E. and Jeanrenaud, S. 2005. Povert & Conservation; Landscapes, People & Power. Gland, Switzerland/ Cambridge, UK/International Union for Conservation of Nature.

6. Goldewijk, K. K. 2001. Estimating Global Land Use Change Over the Past

300 Years: the HYDE Database, Global Biogeochem. Cycles, Vol.15, pp.417-433.

7. Hulme, D. and Murphree, M.W. (eds). 2001a. African Wildlife & Livelihoods-The Promise & Performance of Community Conservation. Cape Town, South Africa, David Philip Publishers.

8. Hulme, D. and Murphree, M.W. (eds). 2001b. Community conservation in Africa. In: Hulme and Murphree (eds), op. cit., pp. 280-297.

9. Lockwood, M. and Kothari, A. 2006. Social context. In: Managing Protected Areas: A Global Guide. London, Earthscan Publications Ltd, pp. 41-72.

10. Magin, C. and Chape, S. 2004. Review of the World Heritage Network: Biogeography, Habitat and Biodiversity. UNEP World Conservation Monitoring Centre.

11. Mainka, S., Mc Nelely, J. and Jackson, B. 2005. Depend on Nature: Ecosystem Services Supporting Human Livelihoods. Gland, Switzerland, International Union for onservation of Nature.

12. Okware, J. 2006. The effect of protected areas to rural livelihoods: a case of the Rwenzori Mountains National Park, a World Heritage site in Western Uganda. M.Sc. thesis. University College Dublin. (Unpublished.)

13. Salafsky, N. and Wollenberg, E. 2000. Linking livelihoods and conservation: a conceptual framework and scale for accessing the integration of human needs and biodiver-sity. World Development, Vol. 28, pp. 1421-38.

14. Scherl, L.M., Wilson, A., Wild, R., Blochus, J., Franks, P., Mc Neely, J.A. and Mc Shane, T.O. 2004. Can Protected Areas Contribute to Poverty Reduction? Opportunities and Limitations. Cambridge, UK/Gland, Switzerland, International Union for Conservation of Nature.

15. Scherr, S.J., White, A. and Kaimowitz, D. 2003. A new agenda for forest conservation and poverty reduction: making markets work for low-income producers. Forest Trends and CIFOR, Washington DC.

16. Stacey, T. 1996. Bakonzoidentity and the protection of Rwenzori: the spiritual factor. In: The Rwenzori Mountains National Park, Uganda: Exploration, Environment & Biology: Conservation Management and Community Relations. Proceedings of the Rwenzori Conference, Department of Geography, Makerere University, pp. 300-305.

17. Udvardy, M. 1975. A Classification of the Biogeographical Provinces of the

World. Prepared as a contribution to UNESCO's Man and the Biosphere Programme Project No. 18. Morges, Switzerland, International Union for Conservation of Nature.

18. Western, D. and Wright, M. (eds). 1994. Natural Connections. Perspectives in Community Based Conservation. Washington DC, Island Press.

19. WHC. 2005. Basic Texts of the 1972 World Heritage Convention. Paris, UNESCO World Heritage Centre.

20. WHC. 2007. World Heritage Challenges for the Millennium. Paris, UNESCO World Heritage Centre.

21. World Bank. 2001. World Development Report 2000/2001: Attacking Poverty. New York/Washington DC, Oxford University Press/World Bank.

网络资源：

1. IUCN. 2006. Conservation for Poverty Reduction: An IUCN Initiative in Support of the Millennium Development Goals. International Union for Conservation of Nature, Poverty and Conservation Facts. http://www.iucn.org/themes/spg/portal/files/Poverty%20facts.htm (Accessed 23 July 2008.)

2. UN Population Division. 2007. World Population Prospects: The 2006 Revision. UN Department of Economic and Social Affairs. http://esa.un.org/unpp/p2k0data.asp (Accessed 25 July 2008.)

3. WCMC. 2003. Rwenzori Mountains National Park, Uganda. World Conservation Monitoring Centre. http://www.unep-wcmc.org/sites/wh/rwenzor.html (Accessed 23 July 2008.)

4. WCMC.2008.Protected Areas and World Heritage. World Conservatio Monitoring Centre. http://www.unep-wcmc.org/sites/wh/index.html (Accessed 23 July 2008.)

第十二章 将世界遗产管理作为发展的契机：埃塞俄比亚拉利贝拉需要可持续的旅游业

艾琳·尼古西（Elene Negussie）和格图·阿塞法·旺迪姆（Getu Assefa Wondimu）

简介

埃塞俄比亚人口约为 7900 万，是世界上经济最贫穷的国家之一，人口增长迅速，有 78% 的人每天生活费不足 2 美元，开发计划署人类发展指数在 177 个国家中排名第 169 位，人类贫困指数在 108 个国家中排名第 105 位（UNDP，2007a），其发展情况远远低于撒哈拉以南非洲地区，这里是世界上最贫穷的地区。

不过埃塞俄比亚拥有丰富的文化和自然遗产，有可能吸引国际和国内游客。如果正确使用和管理这些遗产，它们就可以成为经济发展的重要资源。遗产越来越被看作经济发展的工具，部分原因就在于其吸引旅游活动的固有能力。为了联合国在 2015 年实现减贫的"千年发展目标"而制定的国际战略已经接受了这种文化与发展之间的联系（UNDP，2007b）。联合国教科文组织通过实施其文化与发展计划和对世界遗产地的相关工作，在推动这些战略的实施方面发挥了主导作用。在埃塞俄比亚，政府的目标是到 2020 年使该国成为非洲十大旅游目的地之一，利用遗产资源最大限度地发挥旅游的减贫作用，转变国家形象。

旅游业可能会促进社会经济的发展，但也会导致文化环境和不可估量的遗产资源被不可逆转地损害。这源于作为文化资源的遗产和作为经济资源的遗产之间的矛盾（Graham et al.，2000）。例如，将文化遗产转化为旅游商品可能导致其作为文化表现形式的内在价值受损（Pedersen，2002）。因此，如何平衡旅游与可持续的文物保护是一个关键问题。贫穷的国家和当地社区特别容易受到旅游业对遗址的不利影响。撒哈拉以南部分非洲国家已经注意到这种脆弱性，需要通过包容性和可持续性发展来确定"有效保护措施的长期发展"的优先顺序（Breen，2007）。

本章将探讨埃塞俄比亚世界遗产地旅游业发展面临的机遇与挑战，以及建立综合管理计划的必要性，以确保其通过参与性手段得到适当保护，从而实现可持续发展。此外，本章还探讨了发展背景下的遗产旅游，研究了建立于12世纪后期的拉利贝拉岩石教堂（Rock-Hewn Churches，Lalibela）对当地居民的影响。这个教堂在1978年被联合国教科文组织列为前十二个世界遗产之一。它借鉴了一个试点研究，探讨了基于三角视角的旅游管理，包括遗产保护、当地社区效益和游客满意度（Assefa Wondimu，2007）。这种方式包含了以环境保护为重要基石的可持续发展理念，包括自然和文化方面，以及社会进步和经济发展。当从多个角度和极高优先度看待可持续发展时，成功的世界遗产地管理战略必须将保护作为首要目标，同时力求平衡旅游需求和地方社区利益。

一、发展背景下的文化遗产与旅游

文化遗产的发展作用日益得到认可，并被用于减贫战略。世界银行、联合国机构和国家政府都在制定发展议程时采纳了这样一个观念，即遗产是可用于实现社会经济发展的文化资产。借助于国际捐助和贷款机构，国家信托基金得以建立，以便通过文化遗产实现发展。例如，开发计划署西班牙千年发展目标成就基金（MDG-F）是在2007年成立的，目的是通过联合国系统在5年期间为5.28亿欧元的"千年发展目标"（MDG）提供资金。MDG-F寻求解决最核心的发展挑战来完成千年发展计划，并明确将"千年宣言"作为减少世界贫穷的手段（UN，2000），确立了包括文化与发展一体化在内的相关发展目标（UNDP，2007b）。"文化可以通过创造就业机会、发展旅游和文化产业，作为生产、消费和获取的经济部门，显著促进经济增长"（UNDP，2007c）。

此外，各国政府和机构都将赞助文化遗产相关项目的发展，特别是世界遗产作为双边发展项目的附属部分，目的是减轻贫困。例如，瑞典国际开发署（SIDA）与遗产组织合作，将保护与发展中国家的发展援助结合起来，例如对桑给巴尔石镇（坦桑尼亚联合共和国）和琅勃拉邦旧皇宫（老挝人民民主共和国）的翻新。此外，通过促进世界遗产地的保护与开发，联合国教科文组织已经成为发展背景下与遗产管理相关的能力建设工作的重要参与者。虽然世界遗产基金是应《世界遗产公约》所有缔约国的要求向世界遗产地提供国际援助的（例如技术合作、培训或紧急援助），而这种援助对发展中国家的遗产保护特别重要。国际文物保护与修复研究中心也相应地开展了能力建设伙伴关系项目，非洲2009项目便是一个针对非洲国家文化遗产知识的培训战略。

在埃塞俄比亚,世界银行在2002年批准了一项文化遗产项目贷款,使埃塞俄比亚政府通过场地规划、保护历史建筑和遗址(例如中世纪的贡德尔城堡),实现文化遗产保护,发展遗产库存和保存手工活动,最大限度地发挥旅游潜力。此外,联合国教科文组织还与埃塞俄比亚政府合作,推动了保护埃塞俄比亚主要古迹和遗址的国际运动,包括实施阿克苏姆方尖碑的重新安装和一个庇护所项目,以保护拉利贝拉岩石教堂。

旅游业在利用遗产资源促进经济发展中起着关键作用。例如,埃塞俄比亚人从事以农业为基础和其他的收入水平极低的相关工作(UNDP,2007a),埃塞俄比亚政府已明确了旅游与减贫间的联系。在2006—2010年,旅游业是其加速发展消除贫困计划的重点领域之一(MoFED,2005)。但是,除非妥善管理,否则旅游业的发展可能造成不可挽回的遗产资源损失。由于经济效益被视为优先事项,大多数低收入国家尤其容易受到这种影响。因此,在建立文化与旅游之间联系的同时,需要承认文化遗产作为文化资源和经济资源之间的紧张关系。格雷厄姆等(2000)认为,"不断发展的遗产商业正在把当地所承载的历史变为遗产商品,并将其作为现代消费娱乐的一部分进行销售"。在这个过程中,遗产作为知识、历史和文化库的真正价值可能会受到损害,甚至被破坏。

为了应对旅游带来的负面影响,可持续的遗产旅游框架寻求通过规划和管理手段来确定可接受的使用限度,通过分区的方式在敏感地点限流,让当地社区和游客共同保护遗产地(Timothy and Boyd,2003)。还必须采用新的遗产融资方法,以便恢复、维护和展示遗址,例如确保世界遗产遗址收入中的一部分用于支付以上这些费用。可持续的遗产旅游需要考虑三个主要方面:遗产保护、当地社区和旅游需求。让当地社区参与到遗产地的规划和管理中来,使他们能够分享旅游业的经济效益。这也有助于培养对保护区有积极影响的责任感和归属感。

二、埃塞俄比亚旅游和世界遗产

就旅游而言,埃塞俄比亚拥有丰富的文化和自然资源,从中世纪的城堡、古老的教堂和修道院、考古遗址、历史悠久的城镇和古迹、传统的文化和节日到各种迷人的景观应有尽有。它与突尼斯都是非洲世界文化遗产地最多的国家,其中包括7个文化遗址、1个自然遗址和3个被列入暂定名录的遗址。其中大部分是在1979年至1980年《世界遗产公约》的第一个实施阶段列入的,例如阿克苏姆、贡达、拉利贝拉和奥莫下谷。2006年,"坚固的历史古镇"哈拉尔·朱戈尔也被列入。根据世界旅游组织的报告，虽然埃塞俄比亚文化和自然遗产资源具有非常重要的国际意义，但是埃塞俄比亚在旅游市场表现不佳。其中一部分原因是这个国家正在遭受饥荒、内战和政治不稳定的内斗，因此国际旅游的机会减少了。

在非洲，埃塞俄比亚相对较早地开始发展旅游业，在海尔·塞拉西皇帝统治时期，就有了建立旅游部门这样的重大举措。在20世纪60年代，游客人数以每年12%的增长量持续上升。到1961年，旅游成为一个重要的经济增长部门，旅游发展总体规划也于1966年制定。在这个规划的指导下，政府在接下来的几十年中建设了大量的旅游基础设施，包括国内外的埃塞俄比亚航空公司航线、主要旅游景点的机场和酒店，并建立了国家旅游局机构。"历史路线"上的景点被确立为主要旅游景点，包括在埃塞俄比亚航空公司协助下可以访问的阿克苏姆、贡德尔和拉利贝拉古迹。

在20世纪七八十年代的共产主义政权时期，尽管政府对旅游基础设施进行了投资，但旅游业遭受多种因素的影响：长期内战、经常性的干旱和饥荒，以及与非社会主义旅游国家的政府关系紧张导致的对游客入境和自由活动的限制等。旅游部门几乎完全是埃塞俄比亚自己的，无论是政府、埃塞俄比亚东正教会还是私营部门。这种封闭的、相对受控的制度似乎阻碍了行业的发展。例如，1998年埃塞俄比亚国际游客总人数为11.2万人（参见图12.1），肯尼亚则为85.7万人。此外，埃塞俄比亚国际游客对国内生产总值贡献仅为0.5%，而肯尼亚为2.0%（ETC，2002）。

随着世界遗产地越来越多地被用作通过旅游实现经济发展的手段，对这些地区进行适当的管理势在必行。制定世界遗产地管理计划是《世界遗产公约》的强制性要求。《操作指南》规定，"每个提名的遗产应该有一个适当的管理计划或其他文件化的管理系统，应该说明保护一个遗产的突出普遍价值，最好通过参与的方式"（WHC，2005）。迄今为止，包括拉利贝拉在内的埃塞俄比亚所有的8个世界遗产都缺乏这样的计划和适当的管理体系。尽管如此，在"暂定名录"（如孔索古人类遗址）的遗址管理计划的制定上已经取得了进展，因为这已经成为《世界遗产名录》新的要求。此外，建立包容性管理计划进程已成为近期能力建设工作努力的一个重点[①]。

[①] 例如，2008年联合国教科文组织阿克苏姆世界遗产遗址管理能力建设研讨会，提出了都柏林大学世界遗产管理项目与埃塞俄比亚保护和文化遗产研究机构之间的合作项目。

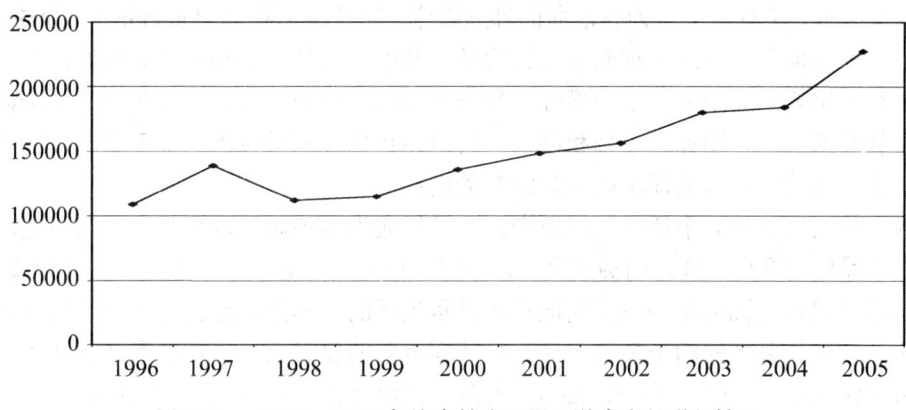

图 12.1　1996—2005 年埃塞俄比亚国际游客人数增长情况

资料来源：埃塞俄比亚文化和旅游部（2005）。

三、拉利贝拉世界文化遗产

拉利贝拉的 11 座独石凿岩教堂始建于 12 世纪末，1978 年列入《世界遗产名录》。拉利贝拉被提名为文化遗产，是基于《世界遗产公约》对于文化遗产的六条定义的前三条（UNESCO，1972）。早在 16 世纪初，葡萄牙旅行家弗朗西斯科·阿尔瓦雷斯（Francisco Alvarez）就成为第一个参观过该教堂的外国人，他把教堂描述为"世界上无法找到的东西"（Pankhurst，1960）。他还写道："我厌倦了写更多有关这些建筑物的事情，因为在我看来，即使我写更多的话，我也是不会相信的……我以上帝发誓，我所写的是实情。"（Beckingham and Huntingford，1961）

拉利贝拉镇是由拉利贝拉国王在萨格维王朝时期建立的，萨格维王朝从 11 世纪到 13 世纪中叶统治着埃塞俄比亚，随着阿克苏米帝国的衰落，权力向南转移（Hable Selassie，1972）。最初叫作罗哈（Roha），国王去世后更名为拉利贝拉（Lalibela），以表彰他挖掘岩石凿成教堂的成就。岩石教堂由红色的火山凝灰岩雕刻而成，是埃塞俄比亚最具风格的建筑物。他们建造的原因通常被描述为拉利贝拉希望在埃塞俄比亚建立新耶路撒冷（Hable Selassie，1972）。

教堂的建筑被认为受到早期的阿克苏姆主义建筑风格影响。正如林德尔所说，它们"被设计成比阿克苏姆更像阿克苏姆的样子"（Lindahl，1970）。每栋建筑都是独一无二、工艺精美的，有的还装饰着有趣的壁画和雕刻的人物。教堂建筑群分为两个主要群体，被一条名为约旦河的小型季节性河流分割，第一部分由六座教堂组成，第二部分由四座教堂组成，通过隧道和通道与庭院相连。

除此之外，还有一个名为乔治斯的独立教堂，或者叫圣乔治（Pankhurst, 2005）。

教堂也有很多属于神职人员的物品，其中大部分可追溯到教会时期，包括游行十字架、金银钟、枝形吊灯、祭司的法衣、长袍和头巾、仪式上的雨伞以及教堂的绘画、图标、卷轴和手稿。其中还包括拉利贝拉国王亲手拿起过的十字架和祈祷杖，这见证了国王对宗教的信仰。

拉利贝拉是一个活生生的遗产，它已经成为当地居民以参与的方式与之产生联系的纪念碑，既是精神意义上的联系，也是居住意义上的联系。教堂建筑、宗教仪式和庆祝活动构成了当地社区日常生活的一部分。这也是埃塞俄比亚东正教信徒最著名的朝圣之地。在一些特别重要的仪式上，包括埃塞俄比亚圣诞节（Genna）和主显节（Timkat），大量的国内外游客和拉利贝拉的居民会参与庆祝。这些无形的方面，突出了它作为一个独特的历史和宗教场所的价值贡献。拉利贝拉的另一个值得注意的特色是当地民居（tukuls），它由不规则的碎石建造而成，上面覆盖着黏土砂浆，屋顶是圆锥形的传统茅草屋顶。这些都是圆形的两层结构，楼上有一个坚实的外部楼梯，尽管它们具有文化意义，但其中许多仍然没有得到很好的保护。

埃塞俄比亚东正教教会拥有并管理着拉利贝拉教堂，该教堂被认为保护了该国大量的可移动和不可移动的文化遗产。面对一处世界遗产，缔约国以文化遗产的保护和研究机构为代表，对该遗产的保护和管理负有共同的责任。在拉利贝拉，教会社区成员有478人，他们都是靠服务游客获取收入。然而，为了达成促进旅游业发展的目的，将来有必要将一部分游客收入用作保护区的维护费用，以减少对外部资金的依赖。

拉利贝拉文化遗产的古迹、纪念碑、物品和无形性文化都存在着实际的和潜在的威胁。已经查明了一些可能导致文化遗产完全破坏和损失的人为威胁，如文物盗窃、非法贸易、蓄意破坏和火灾。其他威胁也有深远的影响，如建筑和土地使用不受控制、卫生问题、砍伐树木造成的环境恶化、建筑主体老化以及缺乏适当的维护措施。旅游活动也加剧了一些威胁，比如因相机闪光灯造成的教堂壁画损坏，以及鞋子对地板、路面和台阶造成的磨损。根据教会的说法，由于转向更物质和更受外国影响的文化，与该地点相关的精神价值也受到威胁。这种影响可能会对该地区的传统价值产生不利影响。

就自然现象造成的威胁而言，暴雨对教堂建筑物造成了侵蚀和渗水，石材固有的断层裂缝和雕刻所产生的裂缝；化学反应如风化盐的存在是表面风化和下层凝固的结果；还有生物现象，如微生物攻击和人为因素，对教堂造成了破坏。人们曾经尝试过保护和恢复过去的教堂，尽管一些早期的干预措施被看作对建筑物的破坏。例如，1954年人们在建筑外表面涂上了一层沥青，使岩石的自然呼吸停止了，材质变得易碎，因此有人倡议去除沥青，并成为世界古迹基金会从1966年到1972年发起的第一个恢复项目。最近，欧盟资助的项目已经由联合国教科文组织实施，为五座教堂建造临时庇护所，以保护他们免受降雨的侵蚀。

拉利贝拉位于埃塞俄比亚北部的一个小而贫穷的山城。自然景观的特点是在海拔2630米的山腰上风景如画、地形崎岖。教堂位于镇中心，四周是密集的住宅区。当地社区的主要收入来源与旅游业直接或间接相关。虽然旅游被视为实际和潜在收入的主要来源，但仍需要通过手工艺品销售和旅游娱乐等方式获得多样化的经济机会和旅游效益。除参观教堂外，游客活动受限，平均停留时间仅为三天，这其中包括游客抵达和离开的时间。不过，有一个新的游客中心正在建设中，有迹象表明游客停留时间过短的问题将有所改善。此外，还有一些举措来帮助发展以手工为基础的活动来减轻贫困，例如埃塞俄比亚政府、联合国教科文组织和日本信托基金会之间的伙伴关系项目帮助农民发展了传统手工艺和技术。

关于地方社区从旅游业中受益的问题，当地社区成员提出了一些问题。问卷调查（Assefa Wondimu，2007）显示，拉利贝拉的居民倾向于认同当地社区主要通过基础设施建设和创造就业机会从旅游业中受益，从而普遍提高生活质量的做法。在基础设施方面，大部分受访者认为旅游业对社区服务有积极的影响，包括学校和健康中心的增加，电力、电信和公共交通的改善。一般而言，受访者对学校的发展最为满意，而饮用水供应则是最不满意的基建发展项目之一。在创造就业机会方面，居民解释说，旅游业的发展提供了相关的就业机会，为当地带来了好处，还使得餐馆、酒吧、商店等小型企业的数量有所增加，也扩大了手工业产品市场。特别是，居民承认世界遗产地的当地导游工作为居民提供了良好的就业机会。但调查结果显示，就业机会存在性别不平等的问题，男性受访者对工作和培训机会的满意程度较高。此外，遗产保护工作提供了更多的就业，这也是拉利贝拉旅游业的积极影响。满意度较低的产业包括游戏业、娱乐业、交通运输业和大型商业。

不过，虽然居民承认旅游业对本地经济有正面的影响，但他们也认为，从社会和环境角度来看，旅游业有负面影响。例如，居民指出，发展旅游增加了当地垃圾，加剧了卫生设施缺乏、犯罪、乞讨、辍学和艾滋病病毒传播等社区问题。尽管如此，这些影响大多与游客没有直接关系。相反，那些试图从旅游业获得短期利润的人更加重了这些问题。

四、结论

总之,文化遗产日益得到保护,并成为发展的工具。在这个背景下,本章重点讨论埃塞俄比亚世界遗产地的重要性,以及拉利贝拉世界遗产地发展旅游对当地社区的益处。文化遗产的其他方面也可以用于发展的背景下,例如阿克苏姆方尖碑等文物的归还和工艺品开发等文化产业。在国际发展战略中对文化遗产保护的承诺越来越大,这与对基础设施和人力资本的投资是可持续发展和长期减贫的关键有关。人们也日益认识到,文化遗产资源可以作为旅游业的一部分和消费品进行商业化和销售。虽然文化、旅游和发展之间的联系在促进当地社区发展的经济战略中至关重要,但必须认识到遗产既是文化资源又是经济资源,在利用时存在潜在冲突。在世界遗产地的背景下,强制建立综合管理计划是协调这种冲突的一个机会。要将作为经济资产的遗产和作为文化资源的遗产进行平衡,不损害保护或可持续发展。

拉利贝拉的案例表明,当旅游业的发展与当地具有突出的国际重要性的地点的合法性相关时,会对当地社区产生了正面和负面的影响。拉利贝拉一方面经历了基础设施建设和创造就业带来的经济增长,另一方面与旅游业相关的小型企业数量增加,这反过来又对农业需求产生了连锁反应。然而,旅游也加剧了垃圾增加、卫生设施缺乏、缺水、犯罪、乞讨和青少年辍学等社会问题。此外,对物质和非物质遗产资源使用的压力也越来越大。目前所需要的是一个可持续发展的战略,对遗产保护、旅游和当地社区发展采取整体性的方法。拉利贝拉(Lalibela)是埃塞俄比亚最受欢迎的旅游目的地之一,其国际游客的数量正在增加。因此,对拉利贝拉综合管理计划的应用是未来保护和提升的关键。管理计划应该为遗产地确定发展机会、目标和长远愿景。基于利益相关者的参与和跨学科协作,需要在保护、获取地方社区利益和可持续经济利用之间取得平衡。然而,管理计划的主要目标是确保遗产地的保护和突出其普遍价值。

参考文献:

1. Assefa Wondimu, G. 2007. Managing tourism at the World Heritage site of Lalibela, Ethiopia. M.A. thesis. University College Dublin, World Heritage Management Unit.

2. Beckingham, C.F. and Huntingford, G.W.B. 1961. The Prester John of the Indies. Cambridge, UK, Hakluyt Society.

3. Breen, C. 2007. Advocacy, international development and World Heritage

sites in sub-Saharan Africa. World Archaeology, Vol. 39, No. 3, pp. 355-70.

4. Ethiopian Tourism Commission, 2002. Statistical Abstract, Addis Ababa, Federal Democratic Republic of Ethiopia

5. Graham, B.J., Ashworth, G.J. and Tunbridge, J.E. 2000. A Geography of Heritage: Power, Culture and Economy. London, Arnold.

6. Hable Selassie, S. 1972. Ancient and Medieval Ethiopian History to 1270. Addis Ababa, United Printers.

7. Lindahl, B. 1970. Architectural History of Ethiopia in Pictures. Addis Ababa, Ethio-Swedish Institute of Building Technology.

8. Ministry of Culture and Tourism. 2005. Statistical Abstract.Addis Ababa, Federal Democratic Republic of Ethiopia.

9. Ministry of Finance and Economic Development. 2005. Plan for Accelerated and Sustained Development to End Poverty 2006-2010. Addis Ababa, Federal Democratic Republic of Ethiopia.

10. Pankhurst, R. 2005. Historic Images of Ethiopia. Addis Ababa, Shama Books.

11. Pankhurst, S.E. 1960. The monolithic churches of Lalibela: one of the wonders of the world. Ethiopia Observer, Vol. 16, No. 1, pp. 214-25.

12. Pedersen, A. 2002. Managing Tourism at World Heritage Sites: A Practical Manual for World Heritage Site Managers. Paris, UNESCO World Heritage Centre.

13. Timothy, D.J. and Boyd, S.W. 2003. Heritage Tourism. New York, Prentice Hall.

14. UN. 2000. United Nations Millennium Declaration. New York, United Nations.

15. UNDP. 2007a. Human Development Report 2007/2008. New York, United Nations Development Programme.

16. UNDP. 2007b. UNDP/Spain Millennium Development Goals Achievement Fund, Framework Document. New York, United Nations Development Programme.

17. UNDP. 2007c. UNDP/Spain Millennium Development Goals Achievement Fund, Terms of Reference for Thematic Window on Culture and Development. New York, United Nations Development Programme.

18. WHC. 1972. Convention concerning the Protection of the World Cultural and Natural Heritage. Paris, UNESCO World Heritage Centre.

19. WHC. 2005. Operational Guidelines for the Implementation of the World Heritage Convention. Paris, UNESCO World Heritage Centre.

第十三章 保护遗产，摆脱贫困：
鼓励吴哥窟建立企业合作关系

菲奥娜·斯塔尔（Fiona Starr）

简介

　　世界许多文化遗产地的发展都体现出旅游对当地社区社会和经济发展的益处，对发展中国家来说尤其如此。文化遗产旅游因此被视为地区脱贫和可持续发展的催化剂。然而，对于文化遗产地而言，暴露的问题也十分明显，大规模旅游造成周边地区自然资源破坏严重。现在，另一种帮助周边地区可持续发展的遗产旅游方案是通过保护遗产项目来增强当地遗产保护和管理能力。这样的遗产开发为当地人民提供了就业岗位，还提供了上岗培训以保障景区未来的独立管理。这一方式给予了当地居民更多的自主权，并能帮助他们脱离贫困。本章将介绍世界纪念基金（World Monuments Fund）在柬埔寨吴哥窟的保护项目，展现出长达十年的私人资助的保护工作如何成功地创造了就业岗位并完善了景区设施，以便于未来景区的管理。对于来源可靠的保护资金的需求一直是持续不断的，在这种形式的启发下，该案例解释了这样的项目如何对可持续发展有立竿见影的效果，因此这也是十分理想的建立企业共同合作资金关系的示范。通过开展共同履行社会责任的项目，许多公司都在寻找促进当地可持续发展的开发模式，并且在选择相应项目时以此案例作为参考依据。

　　遗产旅游创造直接的雇佣关系——在旅店、餐馆、旅行公司、建筑、贸易、交通和零售过程中，还包括这样的岗位——引诱当地居民再次花费他们额外挣的钱（Cukier, 2002）。同时，遗产保护项目还创造了其他直接的雇佣关系并为资本再分配提供了机会，而非单单将旅游业作为遗产影响经济发展的方式。保护项目为文物管理员、建筑师、人类学家、工程师、维修工作人员等提供了直接的工作岗位。由于一个被保护的遗产景区可以为现在以及未来的几代人提供一定的、可持续的收入来源,这种从属的经济好处同样可以使当地社区获益。一个保存完好并且被完整解读与开发的遗产地可以使游客的游玩时间更长、消费更多,这同样会给当地社区带来不断增长的经济收益。

许多保护项目的关注点在于建筑或遗迹的稳定性,对于发展中国家而言尤其如此,因而这些景区常常引进专家、设备和原料。然而,这样的策略会使当地社区的发展付出代价。当地居民无法永久性地拥有专家,但是专家往往拥有学习相应技能的能力,并且还可以为项目提供资源和人力。格雷夫(2004)指出,为了让当地社区从文化遗产中获取可观的收益,他们必须可以自足并且训练当地的居民,而不再需要引进外来资源。联合国教科文组织最先在亚太地区开展了 LEAP(Local Effort and Preservation)项目,在这方面的表现十分成功,不仅使当地居民可以自主地在遗产保护管理中扮演领导角色,还为促进持续管理与保护提供了必要的人员培训,广泛地树立起当地居民的管理意识。世界古迹基金会(WMF)组织的全球实地考察同样清晰地展现了当地居民参与遗产保护项目对当地经济发展的促进,它在吴哥(柬埔寨)的工作尤其如此。

吴哥是一个大型的印度教寺庙,构造复杂,是高棉帝国在公元 9 至 15 世纪期间建造的。它可能是亚洲最著名的世界文化遗产。其中,最负盛名的寺庙是吴哥窟。这个覆盖面积达到 400 平方千米的世界遗产名胜由上千个大小不同、形态各异的寺庙构成,周围环绕着茂密的森林和广袤的农场。许多寺庙里都有印度教和佛教的壁画装饰,比如阿普莎拉(Apsara,一位飞天仙女)和那迦(Naga,多头蛇)。主体建筑呈金字塔状或山状,代表神话中的梅鲁山(Mount Meru),周边由护城河环绕。吴哥没有一个非宗教的建筑,但是这里曾经可以容纳将近 100 万游客。从 1907 年开始,法国考古学家和巴黎法兰西远东学院一起对寺庙进行挖掘和记录,但随着 20 世纪 70 年代战争的爆发,红色高棉接管了该国,这项工作就停止了。随后,吴哥因抢劫、战乱、缺乏维修、大量管理人员和工人流失等原因,造成了专家和知识的断层。保护工作在战争结束后继续开展,直到 1993 年,在法国、日本和联合国教科文组织旗下的国际协调委员会带领的团队的共同协调合作之下,对历史名胜的保护和发展得以顺利开展。

一、柬埔寨旅游业

1992 年,吴哥被列入《世界遗产名录》。一些敢于冒险的旅行者率先抵达游览,第二年旅游人数就达到 7650 人。随后旅游业蓬勃发展,2006 年售出将近 900000 张价值 25 美金的门票(Smith,2007)。2007 年,超过 170 万国际旅客抵达柬埔寨,大多数游客只停留几天(旅游部,2008);而到 2010 年,预计有 300 万游客。

暹粒（Siem Reap）环绕吴哥，是数万流离失所的人们的栖居地，他们在独立战争后搬迁至此。尽管当地因旅游得以发展，暹粒（Siem Reap）仍然拥有柬埔寨最高的贫困率，当地有 54% 的居民每天仅依靠不到 50 美分度日（Fletcher et al., 2007）。大多数人都是原始吴哥居民的后代。他们的村落也属于贫困和落后的代名词，那里缺水，公共卫生差，教育落后，能源不足，住房和资产都缺乏，贫富差距很大，社区间缺乏合作，并且区域发展很不平衡（Winter, 2007）。

近期，一项关于当地居民的调查发现（De Lopez, 2006），40% 的家庭完全依靠旅游业获取收入，但是 80% 的村民和纪念品卖主一致赞成旅游业的发展对他们的生活帮助甚微。参与调查者每月平均收入 55 美元，并且 43% 的成年人是文盲。大约有 1/3 的房屋由茅草屋顶和砖墙建成，53% 的住房可以生火做饭，29% 的居民用桶炉做饭。在电网缺失的情况下，照明来源包括蓄能器（由使用柴油发电机的充电器挨户充电，占比 32%）和油灯（占比 88%）。

根据非官方估计，2005 年柬埔寨国际旅游大约制造了 13 亿美元的产值，其中 8 亿美元是国内收入，政府税收有 1.39 亿美元，而且维持了超过 15 万个就业岗位（Dao, 2006）。然而，这笔税收却只使很小一部分人，而非使这个国家里的劣势群体获利，并且旅游业给当地社区发展带来了消极影响（Dao, 2006; Serey, 2006; Winter, 2006）。相当一部分经济收入（40% 甚至更多）流失，而且旅游业与其他经济部分的关联很弱。食物依靠进口，纪念品由中国、泰国制造，而一些旅行项目、旅店、餐馆是由外国公司运营的（Tyler, 2007）。当地接触自然资源的途径减少了，部分村民流散各地，一些传统活动也被抛弃了（Luco, 2006）。

尽管会造成财富不平等，旅游业仍然被视为国家发展策略中必须的部分，这是因为它刺激了外国的直接投资，创造了当地在建设、交通、服务业中的新就业岗位（Ballard, 2003）。APSARA（The Authority for the Protection and Management of Angkor and the Region of Siem Reap）估计将近有 1000 个周围居民在建造过程中找到工作，APSARA 机构自身也雇用了 800 人作为安保人员、清洁工、地面维修人员、工作人员等。在吴哥工作的安保人员和清洁工人中，90% 住在村庄里，村庄通常在公园里或者公园旁边，因此 APSARA 招人时也更喜欢住在公园里的人。在过去的 20 年里，超过 20 个国家捐助了数以万计的美元用于修复遗迹和人类学研究，然而这项工作之后被认为忽视了当地经济社会发展的问题。温特（2007）认为，遗产名胜区"文化遗产"的价值很大程度上被忽视了，政策更关注的是结构性保护和旅游业本身的发展。同时，尽管国际遗产委员会认为旅游业的发展威胁着吴哥未来的可持续发展，柬埔寨政府还是将旅游业的发展视为吸金的重要手段，以此引领后冲突时代的经济社会的发展并带来更多就业机会。正如本章所要探讨的，保护活动比单纯旅游业的发展更有利于当地的可持续发展。尽管旅游业带来的收入会随着游客数量的多少而发生季节性变化，但得到资金支持的保护工作的岗位可以提供持续的经济资源和就业。保护性项目带来的可持续发展的好处可以将遗产委员会和以发展为主的政府议程统一起来。

二、世界遗产基金项目

1989年，世界遗产基金承担着最先考察吴哥的任务。1991年，他们重返吴哥并开展了保护和培训项目，这个项目现在仍在吴哥窟以及公园里的其他遗址地推行。吴哥窟是吴哥最有价值的遗址之一，这是一个修道院式的佛教建筑综合体，由阇耶跋摩七世（1181—1219年）委托并于1191年修建而成。该建筑群由砂岩和红土建造，使用了大型砌块，有四座同心墙，围绕着迷宫般的神社、法院、大厅和亭子。它占地56公顷，外墙上雕刻着72个有翅膀的加鲁达斯鸟守护这个寺庙。由高湿度引起的植被侵蚀和风化都导致了结构性破坏，战争、台风、排水、盗窃和施工缺陷等问题也使得这个综合体亟须援助。

世界古迹基金会计划的主要目标是培训新一代高棉手工艺者和专业人员，以取代在战争中的人员，让当地社区充分参与项目，促进其经济的自给自足，同时通过培训和教育提升当地居民的能力。世界古迹基金会在吴哥的处世哲学建立在双重挑战的基础上，即"保护一个宏伟的遗产地，同时确保其柬埔寨托管人拥有关心和管理它所需的专业知识"（WMF，1991）。

缺乏历史资料和所需的大量保护工作意味着被遗弃的吴哥窟将被固定下来并作为"部分废墟"加以保存。世界古迹基金会创造了加固寺庙结构和建筑保存的方法，并承担着保护脆弱的石制品与清理、修复和建造一个解说性展览小屋的责任。在任何加固工作或倒塌结构重建工作开始之前，所有的石块都被测量并按比例绘制，然后单独编号以便精准地重建。他们还进行了清洁测试，将硫酸铜溶液施用于需要清洁的区域作为杀生物剂，并对石材防腐剂进行测试和应用（WMF，1994）。

与其他所有项目一样，世界古迹基金会的目标是利用当地可用的材料和设备（不锈钢和环氧化物除外）以及符合当地条件和劳动力状况的简单技术和实施方法（Sanday et al,. 2001）。破损的房梁、开裂的柱子和承重的拱顶都用钢筋和带子加以固定。在操作过程中，使用的技术成本较低，机械设备成本保持在最低限度，只使用钢制脚手架，用液压千斤顶将滑车吊起来移动石块（Stubbs，2005）。

吴哥窟的所有项目都由柬埔寨建筑师、考古学家、工程师和其他工作人员配备和管理。这支队伍是由约 70 名懂得现场修复工艺和保护技术的工作人员组成的。1992 年，来自金边皇家美术大学建筑与考古系的 25 名学生开始在吴哥历史、建筑保护哲学、普遍调查方法和考古学方面接受培训。这些学生协助规划和监督现场工作。其中 7 名学生后来加入了世界古迹基金会小组学习遗产保护。他们每年在吴哥窟学习和工作 4 个月，这样坚持了 5 年，成功地搜集到一些调查记录并且接受了世界古迹基金会国际顾问关于遗产保护技术的培训。他们协助进行文件整理（测量、绘制）、分析研究（规划和实施砌体修复重建工程）、项目管理（日常现场维护和保养）和设计施工监督。在世界古迹基金会的任务中，每年有 14 名建筑和考古的研究生参加。有 20 多名学生直接受益，其中许多人已经受聘于该项目，对正在进行的工作负有主要责任。

除了这个高度专业化的培训外，这个项目还聘用了一批工匠和劳工。1992 年，人数多达 110 人，但随后几年就减少了。劳动力包括三支石工队伍、三支清理队伍、一支木工队伍、一支铁匠队伍和监护人/店员（WMF，1997）。每个小组由大约七名男子和一名带领他们的副主管（领班）组成，他们都接受了现场培训，现场培训为他们提供了多种多样的技能，帮助他们进行对寺庙综合体的持续管理。这种管理包括去除植被、恢复半掩埋坠落的石头、起重吊装 3 吨重的门楣和环氧树脂胶合等。

吴哥窟的世界古迹基金会工作人员的工资采用分级工资标准，该组织主张向在吴哥地区历史建筑工作的所有工人支付合理公平的工资，以认可他们的技能和经验。在第三次实地考察活动（1994）期间，助理经理每月可挣 380 美元，建筑工地主管每月挣 100 美元，建筑工地副主管收入 60 美元，行政助理获得 40 美元，现场监护人为 28 美元。团队工作人员的工资每天都会发放——主管每天领取 4500 瑞尔（1.10 美元），工人领取 4000 瑞尔（1 美元），临时工领取 3500 瑞尔（0.85 美元）（WMF，1995）。即使在 2006 年，54% 的吴哥附近居民平均日收入也不到 50 美分（De Lopez，2006），因此 1995 年这些岗位的工资远远高于当时柬埔寨人民的平均收入。

除了在吴哥窟工作外，世界古迹基金会近年来还在吴哥窟中层的主要画廊、塔索姆寺庙和班迭凯马尔（Banteay Chhmar）偏远的寺庙建筑群开展了工作。之前曾与世界古迹基金会合作的高棉建筑师和考古学家以及 APSARA 管理局的专家在这项正在进行的工作中发挥了重要作用。例如，根据在圣剑寺开发的模型，2000年世界古迹基金会项目组的柬埔寨成员制定了关于修复塔逊寺的技术方案，包括现场文件、紧急稳定方案以及所有坠落的装饰石雕的清单。世界古迹基金会小组随后开始了包括结构修复在内的保护工作，从而为参观者提供了更多的观赏机会（WMF，2004）。

世界古迹基金会的暹粒（Siem Reap）办事处雇用了44名当地采购合同人员：30名参与保护工作、6名文书工作人员、4名管理人员、2名考古学家和2名办公室工作人员。大多数是由世界古迹基金会培训的，有些是由在吴哥工作的其他保护组织培训的。和其他组织一起，通过保存技能在不同工作岗位之间的传递，这个项目展示了保护培训带来的可持续收益。

吴哥窟综合建筑的巩固使得这个结构在未来几年里更加稳固。当地人作为劳工、石匠、管理人员、建筑师和考古学家的培训与就业也具有能力建设的效应，为未来合理地管理历史遗迹提供保障。提供就业和可靠的收入又有助于外资流入当地社区。此外，这项工作利用了当地的资源，使得该地的旅游资源可以长期利用，同时也有助于外汇进入当地，并成为后冲突社会经济再生的催化剂。

对于吴哥地区的人民和世界各地的柬埔寨人来说，吴哥是文化认同和自豪感的源泉。因此，保护寺庙有助于民族自豪感和社会重建与发展，正如一位柬埔寨人所说："吴哥是柬埔寨的历史。这是我们国家的骄傲。让柬埔寨人民看到我们祖先建立的东西是很重要的。"（Winter，2007）另一名男子指出，"柬埔寨人应该为自己的遗产感到自豪……重要的是他们看到吴哥重建，这给我们贫穷的国家带来了力量"。

由于当地社区的生计受到该地经济潜力的影响，因此在吴哥这样的现存遗址中，以社区为基础的保护方法至关重要，必须在当地资源和国际（或企业）资助的保护项目之间建立经济联系；必须对经济渗漏、进口资源和人员等进行预算管理，允许外资二次利用，帮助农村获取电力、水、卫生、通信、教育、公路、公共场所等，全面提高他们的生活水平。正如卢科（2006）指出的那样，"除非当地社区参与世界遗产地的管理，否则发展不能以可持续的方式进行"。

自1993年以来，20多个国家为吴哥庙宇基金捐赠了数百万美元，这些国家的组织和国家研究小组在不同地区开展工作。与吴哥窟计划一样，这些保护项目除了雇佣了来自当地的数以千计的非技术工人，还培训了新一代专修高棉史的史学家、考古学家、建筑师、石匠、雕塑家和工匠等，为当地家庭提供可靠的收入。然而，对于那些世界遗产不多的地方来说，政府资金和国际上的关注比吴哥少很多，所以这些地方必须依靠吸引外国公司的资金支持，将引进的私人资金用于当地发展不足的地方。

世界古迹基金会在吴哥窟的工作得到了大量的私人资金的支持，这是美国运通基金会（American Express Foundation）的主要金融合作伙伴。世界古迹基金会通过"维护合作伙伴计划"，从美国运通获得了 500 万美元，用于保护世界上最珍贵的文化遗产。这仅仅是该公司最近的贡献，事实上十多年来该公司一直支持着世界古迹基金会。1995 年，美国运通是《世界古迹观察名录》的创始赞助商之一，此后捐款 1000 万美元，又引导其他组织或个人（WMF，2005—2006）拨出 1.5 亿美元，用于保存 62 个国家中的 126 处遗迹。

通过支持吴哥窟等保护项目，美国运通为当地社区创造了生机，同时也展示了该公司对遗产旅游的关注。遗产是一个可以为公司带来可观收入的行业。吴哥窟是通过私人资助的保护工作带给社区直接可持续发展效益的典型案例，并且可以作为促成未来建立世界遗产保护企业合作关系的激励因素。正如联合国前秘书长安南在可持续发展事件的商业行动发言中所说："越来越多的人意识到，只有动员企业，我们才能取得重大进展。企业部门用财务、技术和管理来实现这一目标。"（引自 Wade，2005）

三、企业的社会责任

越来越多的企业承担社会责任，支持保护世界遗产。一些公司提供实物支持，例如国家地理的世界遗产地图、IBM 在北京故宫的在线重建，以及日本电视台 NHK 制作的电视纪录片，这些都是为了提高公众对世界遗产地的认识。其他公司提供养护工程等直接融资，如葡萄牙水泥公司 CIMPOR 已资助基督托马尔修道院（葡萄牙）、达·芬奇遗址的世界遗产地、凡尔赛宫的镜厅和公园的修复（法国）。Expedia 等旅游运营商提供了遗产友好的旅游套餐，一些矿业公司通过减轻其活动的影响来展现责任，例如壳牌公司在中国修建跨越中国长城的天然气管道。这些举措与培养当地人民能力的保护项目不同，与当地社区没有直接的社会经济联系，但这些举措对保护世界遗产至关重要，通过提高公众意识和为未来维护遗产地，企业支持展现了对当地社区的间接好处。

通过参与企业社会责任计划，许多公司认识到他们必须在社区发展中发挥作用，但是许多公司在处理复杂的社区和社会问题方面经验甚少，特别是在发展中国家（Miller and Butler，2000）。通过企业社会责任规范，企业超越法律要求，为股东提供最大的财务回报，还承担起社会、文化和环境方面的责任。埃尔金顿（Elkington）1994 年提出的"三重底线"（Triple Bottom Line）已经流行起来，这意味着公司不应该只为一个绩效而努力，而应该是三个绩效，即经济、社会和环境绩效。近年来，企业社会责任已经成为国际商业议程的核心部分，企业已经成为解决全球性问题的一部分，而不仅仅是事业的一部分。

企业社会责任往往涉及公益宣传、与公益有关的营销、企业社会营销、企业慈善事业、社区志愿服务和负责任的商业行为等（Kotler and Lee, 2005）。这些活动有助于提高竞争优势，调整社会和经济目标，改善长期的业务前景。声誉提升被广泛看作企业承担社会责任的主要动机，这当然也受到潜在的利益增加、进入新市场、提高消费者忠诚度、获得经营许可、提高员工士气、市场定位、风险状况管理、能力等多种因素的影响。企业想要通过这种方式吸引最优秀的求职者，改善投资者关系并实现可持续发展（Roberts et al., 2002）。因此，公司在战略上寻求能够实现这些目标的项目时，会考虑它们的参与对于接收者和自己的商业目标是否有效。

这些为实现共同目标而建立的公私伙伴关系通常出现在解决困扰世界的一些主要问题时，这些问题包括饥饿与贫穷、全球变暖与气候变化、艾滋病、水资源短缺、扫盲、保护生物多样性、实现可持续发展、改善教育资源和环境问题等。通过"全球报告倡议"等机制，企业需要每年报告一系列影响，包括碳足迹、能源、包装和减排努力、回收利用、慈善和社区支持、负责任的销售和营销等。小额信贷和对社会负责任的投资正在提供种子资金，协助发展中国家提升社区建设能力和管理自己的社会经济增长。

毫无疑问，贫穷是一个迫在眉睫的全球性问题，商界领袖和评论家们都在思考私营部门如何帮助穷人改变生活。联合国促进可持续发展的倡议"千年发展目标"提供了基本准则，并推动许多企业采取承担社会责任的举措。正如吴哥窟项目先前的讨论所表明的那样，"千年发展目标"的第一和第八目标——"消除极端贫穷和饥饿"和"发展全球发展伙伴关系"应由保护项目直接完成，因为它们为当地社区创造了生计机会。正如克莱因等（Klein & Hadjimi-chael, 2003）所指出的："为了摆脱贫困，穷人需要工作。"通过创造就业机会，文物保护项目能够完成解决扶贫和可持续发展问题的企业目标。建立伙伴关系，如文化遗产地的伙伴关系，也允许公司利用互补或额外的技能，连接到新的社交网络，从当地的知识中受益；协助新的发展方法，努力使社区发展更可持续，并让政府、社区和其他投资方共同参与。

现在，企业社会责任议程不仅是企业战略的核心，而且预计将成为企业未来成长的动力。到2050年，将有70亿人生活在发展中国家，这些高增长地区和新兴市场将成为许多跨国公司的利润增长的主要来源。正如赛斯科（Cescau, 2007）所指出的那样，对经济增长和减贫做出积极贡献的公司将更好地成长。

许多企业的社会责任项目似乎普遍被私营部门看作为可持续发展事业做出贡献的事情，但文化遗产在文化产业中经常作为可持续发展的工具进行讨论，似乎还没有被私营部门所认可。因此，对于遗产管理人员而言，要想进一步动员私营部门的支持，必须考虑可持续发展议程对私营部门的重要性。还必须不断报告保护项目对减轻贫困的影响，以便企业在可持续发展议程中增强对遗产的认识。

四、结论

世界遗产地的遗产旅游已经成功地促进了许多发达国家和发展中国家的经济发展，但正如古德温（2007）所说，事实是在地球上一些最贫穷的地方，旅游业没有惠及穷人。保护项目可以替代单纯的遗产开发和消耗，为穷人带来可持续的社会经济效益，刺激当地社区经济的增长，推动当地社区能力的建设。

柬埔寨吴哥窟的保护计划展示了私人资助的项目如何通过创造就业、培训和能力建设等资本再分配渠道对当地经济社会产生积极影响。吴哥窟和世界纪念基金（及其私营部门的赞助商）之间的伙伴关系涉及参与有助于可持续社会经济发展的项目的企业目标，提供了更典型的私营部门保护伙伴关系的商业案例并形成一种模式，以鼓励私营部门参与伙伴关系。由于公司对项目的投资成果直接有助于创造生计和可持续发展，企业可以将参与这种伙伴关系作为企业战略的一部分，从而提高公司的声誉和竞争地位。

参考文献：

1. Ballard, B. 2003. Employment and trade in Angkor Park: some preliminary observations on the impact of tourism. Cambodian Development Review, Vol. 7, No. 1, pp. 5-7.

2. Cescau, P. 2007. Beyond corporate responsibility: social innovation and sustainable development as drivers of business growth. 2007 INDEVOR Alumni Forum. Fontainebleau, France, Institut Européen d'Administration des Affaires/European Institute of Business Administration (INSEAD).

3. Cukier, J. 2002. Tourism employment issues in developing countries: examples from Indonesia. In: R. Sharpley and D. Telfer (eds), Tourism and Development: Concepts and Issues. Clevedon, UK, Channel View Publications, pp. 165-201.

4. De Lopez, T. 2006. Towards Sustainable Development in Angkor, Cambodia:

Social, Environmental and Financial Aspects of Conserving Cultural Heritage. EEPSEA Research Report. Singapore, Economy and Environment Program for Southeast Asia.

5. Elkington, J. 1994. Towards the sustainable corporation: Win-win-win business strategies for sustainable development. California Management Review, Vol.36, No. 2, pp. 90-100.

6. Fletcher, R., Johnson, I., Bruce, E. and K. Khun-Neay. 2007. Living with heritage: site monitoring and heritage values in Greater Angkor and the Angkor World Heritage site, Cambodia. World Archaeology, Vol. 39, No. 3, pp. 385-405.

7. Goodwin, H. 2007. The Poverty Angle of Sun, Sea and Sand - Maximising Tourism's Contribution. Leeds Metropolitan University, UK/Pro Poor Tourism Partnership.

8. Greffe, X. 2004. Is heritage an asset or a liability? Journal of Cultural Heritage, Vol. 5, pp. 301-09.

9. Klein, M.U. and Hadjimichael, B. 2003. The Private Sector in Development: Entrepreneurship, Regulation and Competitive Disciplines. Washington DC, World Bank.

10. Kotler, P. and Lee, N. 2005. Corporate Social Responsibility: Doing the Most Good for your Company and your Cause. Hoboken, N.J., Wiley.

11. Luco, F. 2006. The people of Angkor: between traditional and development. In: J.C. Chermayeff, J. Rousakis and J. Gilmartin (eds), Phnom Bakeng Workshop on Public Interpretation, Conference Proceedings, 4-6 December 2006. Angkor Park, Siem Reap, Cambodia, World Monuments Fund, pp. 118-137.

12. Miller, S. and Butler, J. 2000. Investing in People: Sustaining Communities through Improved Business Practice. Washington DC, International Finance Corporation.

13. Serey, R.K. 2006. Impacts of World Heritage site on the community at Angkor, Cambodia. Angkor-Landscape, City and Temple. University of Sydney.

14. Smith, J. 2007. Tourist invasion threatens to ruin glories of Angkor Wat. The Observer, 25 February 2007.

15. Stubbs, J. 1996. The World Monuments Fund and training at Angkor and the University of Phnom Penh. Cultural Resource Management, Vol. 19, No. 3, pp. 42-45.

16. Stubbs, J. 2005. Fifteen years at Angkor, ancient seat of the Khmer Empire. ICON, Winter, 2005/2006.

17. Wade, M. 2005. Good company citizenship. In: U. Petschow, J. Rosenau and E. von Weizsacker (eds), Governance and Sustainability: New Challenges for States, Companies and Societies. Sheffield, UK, Greenleaf, pp. 186-99.

18. Winter, T. 2006. When ancient 'glory' meets modern 'tragedy': Angkor and the Khmer Rouge in contemporary tourism. In: L. Ollier and T. Winter (eds), Expressions of Cambodia: The Politics of Tradition, Identity and Change. London, Routledge, pp. 37-53.

19. Winter, T. 2007. Post-Conflict Heritage, Postcolonial Tourism: Culture, Politics and Development at Angkor. London, Routledge.

20. WMF. 1991. Conservation Management and Presentation of the Historic City of Angkor, Preparatory Guidelines and Recommendations, Report I. New York, World Monuments Fund.

21. WMF. 1994. Preah Khan Conservation Project, Historic City of Angkor, Report V, Field Campaign II, Summary. New York, World Monuments Fund.

22. WMF. 1995. Preah Khan Conservation Project, Historic City of Angkor, Report VI, Field Campaign III. New York, World Monuments Fund.

23. WMF. 1997. Preah Khan Conservation Project, Historic City of Angkor, Report VII, Field Campaign IV, Appendix A. New York, World Monuments Fund.

24. WMF. 1998. Preah Khan Conservation Project, Historic City of Angkor, Report VIII, Field Campaign V. New York, World Monuments Fund.

25. WMF. 2004. World Monuments Fund and US State Department announce grant for conservation of temple complex in historic city of Angkor, Cambodia, World Monuments Fund.

网络资源：

1. Dao, C. 2006. The development of cultural tourism in Kg. Thom Province: An Excerpt. http://www.intracen.sorg/wedf/ef2006/global-debate/Country-Team-Papers/ Cambodia_Paper_2.pdf (Accessed 3 March 2008.)

2. Ministry of Tourism. 2008. Tourist statistical report, Kingdom of Cambodia. Phnom Penh. http://www. mot.gov.kh/statistic.asp (Accessed 20 January 2008.)

3. Roberts, S., Keeble, J. and Brown, D. 2002. The business case for corporate

citizenship, Arthur D. Little. www.adlittle.com/insights/studies/pdf/corporate_ citizenship.pdf (Accessed 7 January 2008.)

4. Sanday, J., Stubbs, J. and Gavrilovic, P. 2001. Structural consolidation and conservation of the monuments at Preah Khan-Historic City of Angkor, Cambodia. Archi 2000 International Congress. Paris, UNESCO. http://www.unesco.org/ archi2000/pdf/57gavrilovic. pdf (Accessed 15 July 2008.)

5. Tyler, L.2007.Trampled.temples.http://www.geographical.co.uk/Features/Trampled_temples_ Sep07.html (Accessed 15 March 2.)

后记　卡卡杜国家公园：一个50000年的幻境

在两年内两次参观卡卡杜国家公园是难得的经历，让我对这个特殊地方的精神有了不同的理解，在两次"分享我们的遗产（SOH）"项目期间产生了更深刻的思考。我理解了由于不同原因去同一地点的两次旅行是不相同的，首先是因为第二年比第一年大了一岁，其次是人的心理状态发生了变化，对相同地点的旧的和新的理解也发生了有趣叠加。

"分享我们的遗产"项目于2004年在文化和地理位置上都相距遥远的两个地区（澳大利亚和欧盟国家）相继诞生。2005年春季在悉尼为项目成员组织了一次开幕会议，就如何协调项目的学术信誉和日程表进行了长时间的讨论，认为首先要共享的是管理事务。

接着讨论了该项目的内容。我们都同意有必要给该项目一个重要的附加价值，使它不仅仅是成千上万人之间的一个学术交流项目。我们很快就表达了在惯常互访中产生一个特别项目的想法。有人把它称为大师班，在大师的音乐氛围中以传递能量、经验、灵魂和心灵的独特方式向青年学子传递第一手知识。

于是出现了一个有趣的事情：由两个必修课组成的大师班将在6个月内相继举行，其中一个在欧洲，另一个在澳大利亚。在欧洲，学生得到来自联合国教科文组织世界遗产中心项目专家提供的第一手资料，并且有一次独特的机会去拜访卢瓦尔河（法国卢瓦尔河畔的叙利城与夏龙纳之间的卢瓦尔河谷）的世界遗产管理者。在澳大利亚，学生将有机会接近卡卡杜国家公园管理员、土著居民和公园联合管理委员会。学生在卢瓦尔河谷和卡卡杜国家公园的目的均包括遗产地访问和分析，以及向遗产管理者提供实用建议来帮助他们改进工作。这两个遗产地均为文化景观（虽然卡卡杜国家公园不满足标准（i）（vi）（vii）（ix）（x），但它仍是文化景观），但它们在人与自然的互动和管理方式方面是完全不同的。

我在2006年访问卡卡杜国家公园时第一次见到土著居民，例如导游、护林员和联合管理委员会成员。我对这次相遇感到震惊，因为他们让我瞬间产生了连接人类起源的感觉。人们已在该遗址没有中断地居住了至少50000年，在此期间人们在没有重大干扰的情况下发展了他们的传统文化和生活方式。尽管引进了汽车和卫星电话等现代设备，但在过去500个世纪发展起来的智慧依然存在。土著居民都确切地知道悬崖上每个岩石艺术画背后的故事，这些故事一代代地通过口头传播延续。

土著居民早在欧洲探险者在他们的领土上发现铀之前就了然于心，明智地视欧洲国家为他们尽量避免的"疾病"国家。土著居民完全知道他们愿意泄露的是什么，什么是秘密，哪些人被视为游客。我第一次拜访时对于这种给予和保持的紧张关系留下了深刻的印象，这也是我与这个家园大约50000年前第一批居民的后代在情感上产生的独一无二的直接连接。

雅各布好像是生活宝藏的一部分，聆听他的讲述是一种特权。他让你明白如果在卡卡杜国家公园内单独停留，你将没有机会活上几个小时，你怎么可能在几个小时内掌握50000年形成的关于季节、风暴、高温、雨天、洪水、取暖、狩猎、动物、鸟类鸣叫、植物治疗等方面的"亲密关系"呢？听老人讲话时，你会在他身上体会到祖先的智慧，他像狮身人面像一样坐在人群前面。我想知道：他是怎么想我们的？对他而言我们或许只是一群来自欧洲和澳大利亚的、希望了解更多关于卡卡杜国家公园知识的、经过几天参观后有志向这个公园的管理者提出建议的、有特权的学生和学者。他不愿说他对我们的看法，如同以他受过的传统礼仪教育不愿与我们有目光接触一样。

2007年的第二次访问非常不同，因为我完全意识到我们确实是土著居民的客人。我们去了他们的家园，如同去邻居家的后院散步一样。作为一个需要有一张邀请函和一张穿越东鳄鱼河参观许可证的客人，我感到格外荣幸并且更好地理解了"家园"对于他们来说是如此神圣。此外，我感谢这个家园为我们提供的食物、水、住所和许多灵感。然而，它何时能在旱季接待成千上万的游客呢？

与土著居民的交谈使我们了解他们对气候变化的意识和关注。如果他们口头传统记录的六季日历完全被更长的雨季扰乱的话，他们将如何继续维持传统生活方式呢？生活周期将变得混乱，土著文化也将改变。人们对未来威胁有了新的认识，不仅是土著居民面对新一代年轻人的威胁（他们希望按照其他同世代人的标准去生活，拥有世界音乐、牛仔裤和软饮料），而且他们在生活中也面临气候变化的压力，这些重大变化的结合对他们的传统和文化来说可能是致命的。此外，对居民自身来说也是致命的，因为他们不能离开自己的家园。

世界各地的土著社区为人类的未来提供了许多线索。他们不仅有能力去了解自己的家园，同时通过和过去古老的口头传统的联系提供了对于当前发生事情的远距离判断，这种判断对所有人都是宝贵的，他们与祖先 50000 年的联系是人类独特的财富。例如，他们对药用植物及其使用知识是祖先传统知识的产物。这种独特的遗产是脆弱的，因为它取决于土著居民的存在，同时来自世界各地的制药、采矿或工业游说团体的利益相关者是纯粹讲求物质的。

卡卡杜国家公园周边对于铀矿石的传统看法已经不能阻止跨国企业发展主要的矿业项目了。这一独特的人类遗产的存在似乎没有拥有足够的政治决策权，尽管位于公园周边的铀矿资源占世界储量的 1/3。卡卡杜国家公园及其周围区域是在遗址保护和政治世界之间存在紧张局势的活生生的例证，这种矛盾在时间框架上是完全对立的，因为长期时间表考虑的是资源保护维度，而短期时间表考虑的是政治维度。相比而言，非土著居民比较贫乏，因为他们已经失去了许多世纪以来与第一代祖先的关键联系，失去与土著居民共同过去的联系就像是把许多关键问题抛到了海里。我们的未来可能在很大程度上取决于土著社区，他们的知识可以帮助我们面对未来的挑战，然而人们几乎没有意识到这一点。

经过这两次对卡卡杜国家公园难忘的访问，我认为这个遗址在一定意义上是一个幻境，这来自其戏剧化的演绎和旅游环境、珍藏的秘密故事以及梦境小径。另外，它也在隐瞒着什么不应该泄露给其他人的故事。由于其文化本质上来源于邻近国家阿纳姆地，所以卡卡杜国家公园的幻境是如此独特。由于公园的繁荣，在旱季成千上万游客为它带来了财富，但幻境也可能消失。卡卡杜国家公园由于"无形的利益相关者，即我们的后代"被列入《世界遗产名录》。

在这样的背景下，为了 2007 年第二期"分享我们的遗产"大师课，我们又回到了卡卡杜国家公园。世界遗产委员会决定将第五个"C"，即社区作为世界遗产哲学的又一支柱。在"4C"策略（信誉、保护、能力建设、沟通）之后，世界遗产委员会的第一位原住民主席派拉蒙的图穆·碇认为他可以留下的最好遗产就是"5C"策略。他认为强化社区的角色是一个必要原则，它赋予其他 4 个"C"以人类的意义，一个新纪元从此诞生了。这个原则完全承认了这样一种观点：无论遗址能否列入《世界遗产名录》，都不能脱离它们的社区。为了保护而保护是毫无意义的，即使保护确实有助于提高公众意识、有助于和平与对话。

卡卡杜国家公园如果没有几万年间由其社区传承下来的焚烧（patch-buring）传统，将不会在目前的条件下延续。在持续的雷暴和随之而来的火灾之后，伴随着季节性的洪水，这里将很快变成沙漠。从外貌和生物多样性来看，公园的景观将会截然不同，正是这种社区与环境的长期互动造就了这种独特景观。《世界遗产公约》由各国政府批准，性质由政府制定，但一旦列入《世界遗产名录》，政府一定需要遗址社区的参与，因为它们是真正突出的普遍价值最好的守护者。

"分享我们的遗产"项目正是基于这样的想法：遗产是跨文化对话和相互理解的独特工具。从这方面来看这个项目符合我们的期望，为了使这个项目的成果具有可持续性并在世界各地传播，我们决定出版这本书，并希望读者掌握该项目提供的宝贵的第一手资料。

最重要的是，"分享我们的遗产"项目是一次获得不可替代的情感知识的特殊机会，所以不能以一种学术的方式进行学习。为此，本项目更应该传播到世界各地，或其他环境和其他类型的世界遗产。希望这本书的出版有助于其他大学在不久的将来建立类似的项目，完成类似的挑战。

玛丽埃尔·里雄（Marielle Richon）
联合国教科文组织世界遗产中心项目专家